JN441132

100세 시대, 구건서의 은퇴사용설명서

멋진 젊음_Well Being | 아름다운 노년_Well Aging | 존엄한 죽음_Well Dying

나는 이렇게 나이 들고 싶다

구건서 박사
(평창 심심림 대표)

중앙경제

100세 시대, 구건서의 은퇴사용설명서
나는 이렇게 나이 들고 싶다

초판인쇄 2026년 1월 14일
초판발행 2026년 1월 20일

지은이 구건서
펴낸이 김남진
펴낸곳 (주) 중앙경제

디자인 이지훈, 최가영
마케팅 신석재, 김성울, 이소영, 윤지희
경영지원 이상훈, 박세라, 조용환

출판등록 80.6.21 제2-66호
주소 서울시 중구 다산로11길 19(신당동 355-8) 백석빌딩 신관 4층
전화 02)2231-7293
팩스 02)2235-5344
홈페이지 www.elabor.co.kr

ISBN 978-89-7017-521-8 (03330)
정가 18,000원

100세 시대, 구건서의 은퇴사용설명서

멋진 젊음_Well Being | 아름다운 노년_Well Aging | 존엄한 죽음_Well Dying

나는 이렇게 나이 들고 싶다

구건서 박사
(평창 심심림 대표)

중앙경제

27번째 책을 내면서

100세를 넘겨 장수하는 사람을 지칭하는 단어인 '백세인(centenarian, 百歲人)'은 약 6,000명 정도가 된다. 65세 이상 인구도 점점 늘어나 고령화사회(7%, 늙어가는 사회, 2000년), 고령사회(14%, 이미 늙은 사회, 2014년)를 지나 초고령화사회(20%, 너무 늙은 사회, 2024년)로 이미 접어들었다. 오래 사는 것이 축복일 수 있지만, 준비되지 않은 노후는 자칫 재앙으로 바뀔 수 있다. 이제 오래 사는 것이 남의 일이 아니라 바로 나 자신의 일이 되었다.

주된 일자리에서 퇴직하는 평균연령이 48~53세이고, 법에서 정한 정년은 60세에 불과한 것이 현실이다. 정년연장, 고용연장이 논의되고 있지만 40대에 구조조정 한파 때문에 명예퇴직, 희망퇴직이라는 이름으로 밀려나는 것도 안타까운 모습이다. 고등학교 또는 대학을 졸업하고 입사해서 겨우 20~25년 정도 일하고 '용도 폐기'된다면 나머지 길고 긴 인생을 어떻게 살아갈 것인지? 물론 주된 일자리에서 떠난다고 하더라도 또 다른 일자리를 구하거나 자영업, 알바 등으로 소득활동은 계속하겠지만, 주된 일자리에서만큼의 안정성을 보장받지 못한다. 항상 미래가 불안하고 길어진 노년을 어떻게 보낼 것인지 걱정이 앞선다.

부모의 유산을 받거나, 경제적 자유를 누리는 일부를 빼고는 대부분 연금(국민연금, 퇴직연금, 개인연금의 3층 보장)에 의존하게 된다. 이렇게 3층 보장을 미리 준비한 사람은 그럭저럭 편안한 노년이 가능하지만, 국민연금만 있거나 아예 국민연금 혜택도 받지 못하는 사람은 정부가 주는 기초연금에 의존할 수밖에 없다. 기초연금과 국민연금을 합해도 인간다운 생활하기에는 부족한 것이 사실이다. 그렇다고 겨우겨우 먹고사는 자식에게 손 벌리기도 어렵다. 정부에 기대할 것도 없고, 자식한테 손 벌릴 수도 없으니 결국은 자신의 노년은 스스로 해결해야 한다. 길어진 노년을 어떻게 살 것인가?

평균수명, 기대여명이 짧던 시절에는 예순(60세)까지 일하고, 환갑(還甲)을 지나면 자식 부양을 받으며 노인 대우를 받다가 일흔(70세)정도에 이 세상을 떠나면 큰 문제가 없었다. 부양 기간이 10년 남짓이므로 자식들도 부담이 없었고, 또 자식이 여러 명이니 분담하는 것도 가능했다. 현재는 어떤가? 1~2명 정도가 대부분이니 부모 부양비를 부담하는 것이 어려워진다. 더 나아가 자신의 삶을 지탱하는 것도 어려운 자식의 입장에서 부모까지 부양할 여력은 더더욱 없어진다. 그러니 노년은 자신이 책임질 수밖에 없다는 결론에 이른다. 사람이 사람답게 잘 사는 것을 '웰빙(well being)', 사람이 사람답게 잘 늙어가는 것을 '웰에이징(well aging)', 사람이 사람답게 잘 죽는 것을 '웰다잉(well dying)'이라고 한다. 우리는 이 'well 3종' 세트가 하나로 연결되도록 젊을 때부터 미리미리 준비할 필요가 있다.

60세에 정년퇴직을 하더라도 남은 세월이 3~40년이고, 만약 쉰(50세)에 주된 일자리에서 퇴직하는 경우 남은 세월은 자그마치 4~50년이 된다. 그 긴 시간을 그냥 놀면서 지낼 수 없으니 무언가 몸을 움직일 수 있는 '일거리'를 찾아내야 한다. 도시에서 소득활동이나 봉사활동을 할 수 있다면 도시에 살아도 된다. 그것이 마땅치 않다면 '시골(산골)살이'도 좋은 선택일 수 있다. 시골살이가 절대 편하거나 쉬운 일은 아니다. 도시생활보다 더 힘들고 어렵다. 그럼에도 시골살이를 얘기하는 이유는 깨끗한 자연과 스스로 몸과 마음을 움직일 수 있는 '소일거리'를 만들 수 있기 때문이다.

중국 당대의 선승 임제 선사는 '임제록'에서 '수처작주 입처개진(隨處作主 立處皆眞)'을 말했다. 어느 곳에 있든, 그곳의 '주인'이 되어야 한다는 뜻이다. 시골살이도 마찬가지다. 구경꾼에게는 모든 것이 남의 일이지만, 시골살이의 무대에 서는 주인공은 자신이 모든 것을 결정하고 주도적으로 끌고 가야 한다. 남아있는 인생 항해를 자신이 원하는 삶으로 변화 시키는 것도 국가나 사회, 다른 사람 탓이 아닌 자신의 몫으로 돌려야 한다. 피할 수 없다면 즐기면 된다. 멋진 젊음(well being)과 아름다운 노후(well aging), 그리고 존엄한 죽음(well dying)을 스스로 만들어보자. 시골살이에 관심이 있는 분은 함께 출간한 『구건서의 시골사용설명서 산중필담』이라는 28번째 책을 읽어보면 도움이 될 것이다.

이 책은 강원도 평창 산속에서 산양삼, 산나물 농사를 지으면서 틈

틈이 써온 한경닷컴 칼럼 '구건서의 은퇴사용설명서'를 한 권으로 묶은 것이다. 인생, 은퇴, 시골생활, 공부, 노후, 건강, 죽음 등 나이 들어가면서 부딪치는 여러 가지 생각을 정리하면서 '나는 이렇게 나이 들고 싶다'는 희망사항을 정리했다. 이 시대를 함께 살아가는 분들께 조그마한 가이드북(guide book)이 되었으면 하는 마음에서 책 출간을 결심했다.

어느덧 고희(古稀. 70)가 되고 보니 참으로 많은 분들의 도움과 응원 덕분에 무탈한 인생을 살았다는 감회가 든다. 김인국을 비롯한 고향 친구, 남상인을 비롯한 초등학교 동창, 김정희·허영철을 비롯한 중학교 동창, 강환주를 비롯한 군대 동기, 김진복을 비롯한 택시회사 동료, 김은상을 비롯한 검정57 친구, 김한기노무사를 비롯한 2회 노무사, 허병도노무사를 비롯한 선후배 노무사, 윤조덕교수를 비롯한 노고지 선후배, 박인상위원장을 비롯한 노동계 선후배, 노무법인 더휴먼 김승치노무사·송명수노무사, 고려대학교 김형배교수·박지순교수·박종희교수, 윤동한회장, 정승기감정평가사, 김희성회장, 이태선회장, 권대욱회장, 엄준하이사장, 변연배 대표, 한영섭원장, 가재산회장, 포스코와 현대제철 등 기업체 인사담당 임원과 부서장, 그 밖에도 도움을 주신 모든 분께 고맙다는 인사를 전한다. 어려운 출판 환경에서도 필자의 27번째, 28번째 책을 흔쾌히 출간해준 (주) 중앙경제 김남진 대표와 김태윤 상무의 노고에 감사를 표한다.

2026년 1월

연당 구 건 서 박사/공인노무사

PART 1. 노후 설계와 재정 관리

– 노후 준비의 시작부터 재무 전략까지 –

PART 2. 건강과 장수의 비결

– 신체 건강과 웰빙을 위한 실천 방법들 –

PART 3. 일과 자아 발견

– 직업 활동과 개인 역량 개발의 새로운 시작 –

PART 4. 마음과 관계의 나이 듦

– 정서적 성숙과 대인 관계의 지혜 –

PART 5. 삶의 품격과 자세

– 아름답고 멋진 나이 듦의 방법 –

PART 6. 죽음과 유산

– 인생의 마지막을 준비하는 현명함 –

노후 설계와 재정 관리

노후 준비의 시작부터
재무 전략까지

내 인생시계는 지금 몇 시나 되었을까?

인생을 봄·여름·가을·겨울과 같이 계절로 구분하기도 한다. 또한 100세 시대를 앞두고 '시계'로 나타내는 인생도 살아갈 날이 얼마나 남았는지 생각해볼 수 있어 흥미롭다. 24시간은 1,440분에 해당하고, 이를 100년으로 나누면 1년이 14분 40초가 된다. 1년에 14분 40초씩, 10년이면 144분으로 2시간 24분이 된다. 이러한 방식으로 자신의 나이에 대입해보면 내 인생은 몇 시인지 계산할 수 있다. 30세는 7시 20분이며, 50세는 12시 점심시간에 해당한다. 법정 정년인 60세는 오후 2시 24분이다. 한국 사람들의 평균수명인 84세는 오후 7시 30분 정도가 된다.

위와 같은 계산방식으로 나이와 인생시계를 연결시켜 보면, 50세가 되어도 이제 겨우 12시 정오일 뿐이다. 정년퇴직을 한다고 하더라도 오후 2시 조금 넘었으니 아직 하루해가 길게 남아있다. 그러니 해가 넘어가고 어두워지는 시간인 80세까지는 무언가 활동할 수 있는 기회를 찾아야 한다. 정년퇴직은 주된 직장에서 퇴직하는 것일 뿐 인생시계는 아직도 많이 남았기 때문이다. 은퇴(retire)는 'retire'로 새로운 타이어로 갈아 끼우고 무언가 새로 시작한다는 의미로 해석할 수 있다. 정년퇴직으로 이제 인생이 다 끝났다고 생각하는 사람과 새로 시작할 수 있다고 생각하는 사람은 다를 수밖에 없다.

생각을 바꾸면 행동이 바뀌고, 행동을 바꾸면 습관이 바뀌고, 습관이 바뀌면 성품이 바뀌고, 결국 그 성품이 그 사람의 운명(運命)도 바꾼다. 그러니 잠시 쉬는 하프타임(half time)을 인생이 끝난 것으로 착각하지 않았으면 좋겠다. 아직 인생 후반전(後半戰)이 남아있고, 더 오래 사는 경우 연장전(延長戰)도 뛸 수 있어야 한다. 인생의 시계는 언젠가 멈춘다. 다만, 언제 멈출지 모를 뿐이다. 그러니 멈추기 전까지는 행복하고 즐거운 '시간부자'가 되도록 노력해야 한다. 쓸데없는 일에 매달려서 시간을 죽이는 사람은 시간의 가난뱅이다. 무언가 나에게 '재미' 있고, 사회적으로 '의미' 있는 일에 시간을 투자하다보면 자연스럽게 시간부자 대열에 낄 수 있다. 시간낭비를 줄이면서 시간을 생산적으로 활용해서 새로운 부가가치를 창출하는 사람이 지혜로운 시간부자다.

인생은 100미터 단거리 경주가 아니다. 100년 가까이 쉼 없이 걸어가야 끝나는 길고 긴 여행이며, 즐기면서 음미하는 여정(旅程)이다. 중간 중간 휴식을 취하면서 새로운 에너지를 보충하지 않으면 완주가 어렵기도 하다. 걸어온 길을 뒤돌아보고, 앞으로 걸어갈 길도 상상하면서 어떤 길로 갈 것인지 생각해보는 시간이 필요하다. 정신없이 앞만 보고 달리다보면 엉뚱한 길에서 헤매는 자신을 발견할 수도 있다.

내가 살고 있는 지금이 인생시계로는 몇 시인지 확인해보면서, 계획하고 도전하는 일에 대해 용기를 얻을 수 있다. '벤자민 버튼의 시계는 거꾸로 간다.'라는 영화에 그런 대사가 있다. '인생에 너무 늦었거나, 혹은 너무 이른 나이는 없다.' 어찌 보면 100세 시대에는 '늦었다고 생각할 때가 가장 빠른 때'가 아닐까? '나는 너무 늦었어!'라고 단정 지으면서 혹시라도 포기나 좌절의 빌미를 스스로 만들지 말자. 적어도 무엇이든 바꿀 수 있을 만큼의 시간은 충분하다. 자신이 헛되이 버리고 있는 '지금 이 순간'은 다시 오지 않는다. 시간을 되돌릴 수 있는 능력을 가진 사람은 없다. 10년 후 또는 20년 후의 내 모습은 결국 지금 이 순간을 어떻게 살았느냐에 의해서 결정된다.

인생은 속도보다 '방향'이 더 중요하다. 방향이 올바르지 않으면 엉뚱한 곳으로 가게 된다. 어느 방향이든 가는 방식이 '삶의 정도(正道)'를 지켜야 한다. 정도란 자신이 하는 일, 그리고 이루고자 하는 꿈과 목표가 원래 갖고 있던 속도를 지키며 앞으로 나가는 것이다.

노후준비의 골든타임은 바로 '지금'이다

노후준비는 언제부터 해야 할까? 노후준비에 골든타임은 언제인가? 이런 질문에 많은 사람들이 아무런 준비 없이 '은퇴 10년 전'이라고 답변한다. '그까이꺼 뭐, 대충 10년 정도 준비하면 되지 않겠어요?'라고. 그런데 실제로 은퇴 10년 전에 노후준비를 시작하는 사람은 얼마나 될까? '많지 않다'는 것이 정답이다. 노후를 미리 준비해야 한다는 것을 머리로는 알고 있지만, 현실은 그냥 아는 것에 그친다. 당장 먹고살고, 자식들 뒷바라지하느라 정작 자신의 미래를 생각할 겨를이 없다. 그러니 '노후빈곤'을 넘어 '노후파산'이라는 비참한 미래가 예상되는 것이다.

노후준비라고 하면 '돈'에 대한 얘기로 시작해서 노후자금이 얼마가 필요한지, 노후자금을 모으려면 어떤 금융상품에 들어야 하는지 등 '자산관리'가 대부분을 차지한다. 보험회사에서는 은퇴 후 3~40년을 살아가려면 '10억 원' 이상의 노후자금이 필요한데, 당신은 얼마나 되느냐? 라는 엄포성 질문을 던지기도 한다. 노후불안을 마케팅 도구로 활용하는 것이다. 돈 문제에 대해서 자유로운 사람은 많지 않다. 특히 직장인들은 급여의 대부분을 현재의 생활비로 지출하는 상황이기에 노후를 위해서 모아둘 돈이 많지 않다. 다행히 월급 받는 직장인은 국민연금과 퇴직연금이 강제되기 때문에 정년퇴직까지 잘 버틴다면 기본적인 노후생활비는 충당이 가능하다. 그런데 과연 정년퇴직을 하는 사람이 얼마나 될까? 전체적으로 10% 미만이고 보면 노후자금에 대한 불안감은 더 커질 수밖에 없다.

그러한 불안감은 현실적인 수치상으로도 나타난다. 우리나라 노인 빈곤률은 약 50%로, OECD 평균인 12.6%보다 3배나 높아 세계 최고 수준이다. 노부모 부양의식 약화, 1인 가구 증가 등으로 충분한 준비 없이 은퇴할 경우 노후빈곤에서 헤어나지 못하게 된다. 특히, 실제 퇴직연령은 쉰(50세) 전후인 반면, 평균수명은 여든(80세) 이후로 늘어나 퇴직 후 3~40년의 소득 공백기를 보내야 한다. 노후자금이 충분한 '금(金)퇴족'은 약 10% 정도 밖에 되지 않는다. 성인의 85%가 노후준비의 필요성을 인식하면서도 74.7%는 은퇴준비가 부족한 것으로 조사되고 있다. 은퇴자들이 가장 많이 후회하는 일은 '충분한 노후 자금을 모으지 못한 것'이라고 한다. 그만큼 많은 사람들이 준비 없이 맞닥뜨린 은퇴 이후 돈 문제로 어려움을 겪는다.

노후준비는 '돈 문제'만 있는 것이 아니다. 할 일, 건강, 관계, 시간, 취미활동 등 다양한 분야에서 미리 준비하지 않으면 낭패를 보게 된다. 따라서 노후준비의 골든타임은 바로 '지금'이다. 시중에 우스갯

소리로 회자되는 '늦었다고 생각할 때면, 이미 늦었다'는 말이 노후준비에도 적당한 조언이다. 그런데 어쩌랴? 지금이라도 노후준비를 한다면 조금 더 여유롭지 않을까? 늦었다고 생각할 때가 가장 빠른 때다. 남아있는 내 인생에서 '지금'이 가장 젊은 시절이기 때문이다. 노후준비는 설계나 계획도 필요하지만 실제 '행동'으로 무언가를 실행하는 것이 더 중요하다. 행동이 없는 설계나 계획은 그냥 공염불(空念佛)에 그치고 만다. 그러니 지금 당장 은퇴 후 노후에 어디에 살 것인지, 무슨 일을 할지, 누구와 함께 살 것인지, 건강을 위해 당장 해야 할 행동은 무엇인지, 가족과 친구 등 인간관계는 어떻게 유지할지, 남아있는 '8만 시간'을 어떻게 보낼지 등에 대한 자신만의 대책을 마련하고 지금 당장 행동으로 실천하자.

내 인생은 내가 주인공이다. 인생연극에서 관중 역할에 그치지 말고, 당당하게 주인공의 자리를 차지하자. 얼마나 빨리 이루었느냐보다 얼마나 많은 것을 담아냈느냐에 따라 그 사람의 인생이 평가된다.

직장인의 독립기념일은 언제일까?

8월 15일, 우리나라의 독립기념일이다. 일본으로부터 독립된 날을 우리는 '광복절'로 기념하고 있다. 독립한다는 것은 자유(自由)를 누릴 권리가 있다는 말이다. 일제의 총칼에 유린되었던 자유가 회복된 것이기 때문이다. 인간에게 자유는 신선한 공기와 같이 꼭 필요한 것이다. 그 자유를 우리가 쟁취한 것인지, 아니면 미국을 비롯한 강대국이 선물한 것인지는 각자 다른 판단을 하겠지만, 일본으로부터 독립하면서 우리는 자유를 누릴 수 있게 되었다.

선각자(先覺者)들이 국내에서는 물론 만주와 상해 등지에서 군대를 조직하고 일본을 상대로 독립운동을 했다는 사실은 우리민족이 스스로 자유와 독립을 쟁취했다고 볼 수 있는 대목이다. 한편 미국과 러시아 등 연합군이 일본과의 전쟁에서 승리하면서 그 결과 우리가 해방되었다는 논리도 존재한다. 어떻게 바라보든 일제의 지배를 벗어나 자유를 누리는 대한민국(大韓民國)이라는 새로운 나라가 탄생한 것이다. 그 덕분에 중세 봉건왕조시대의 양반과 상놈이라는 신분제도 자연스럽게 사라지면서 자유 계약에 의한 임노동형태로 변경되었다.

신분적인 지배관계가 무너지면서 당사자의 자유의사에 의한 노동계약(근로계약)으로 노동력 거래방식이 바뀌면서 노동력은 합법적인 거래의 대상이 되었다. 현대적인 근로계약은 "근로자가 사용자에게 근로를 제공하고, 사용자는 이에 대하여 임금을 제공하는 계약"이다. 이는 당사자 간의 자유계약이므로 특별한 사정이 없는 한 법이 간섭하지 않는다.

다만, 근로기준법 등 노동보호법에서는 근로자를 사회적 약자로 보아 최저기준을 법에 정해 놓고 이를 위반하는 사용자를 형사 처벌하는 등 법 기준을 강제하고 있다. 법기준 이상은 당사자 간에 자유롭게 정할 수 있지만, 최저기준은 반드시 지켜야 할 의무를 사용자에게 지우고 있다. 그런데 이러한 노동보호법이 적용되는 '근로자'는 사용자의 지휘감독을 받으면서 사용자가 시키는 일을 하는 사람을 의미(사용종속관계, 使用從屬關係)하므로, 자유롭게 자신의 의지대로 일하는 사람은 근로자로 보호받지 못한다. 즉, 근로자는 자신의 자유를 포기하는 대신 임금을 받아 생존을 유지하게 된다.

이렇게 자신의 의지대로 일하지 못하고 시키는 일을 해야 하는 근로자는 언제 자유인이 되는가? 언제 자신의 '독립기념일'을 맞이하는가? 대부분의 정규직은 정년제 근로계약을 맺고 있으므로 정년퇴직일이 독립기념일이 될 것이다. 또한 비정규직도 먹고살기 위해서는 누구에겐가 노동력을 제공해야 하므로 아마도 60세 넘어서까지 일을 하는 경우, 이들도 60세 전후가 독립기념일이 될 수 있다.

그러나 정년을 채운다고 하더라도 연금이나 퇴직연금, 개인연금이 노후생활비에 부족한 경우에는 다시 생활전선으로 뛰어들어야 하므로 독립기념일은 뒤로 밀리게 된다. 자칫 잘못하면 죽을 때까지 독립하지 못하고 한평생 월급에 목숨을 거는 '근로자'로 살다가 죽을 수도 있다. 근로자는 약속한 근로시간을 채워야 하므로 '시간팔이'가 되고, 시간을 판다는 것은 시간당 임율로 임금이 결정되므로 그 시간만큼은 자유가 사라진다.

젊은 나이에 독립을 하려면 어떻게 해야 할까? 근로자의 신분을 버리고, 월급바라기에서 벗어나 자신의 사업을 하거나, 자산소득이 노동소득보다 많아지도록 만들어야 된다. 즉, 내 시간을 투입하지 않아도 소득이 들어오는 구조를 만들어야 월급으로부터 독립할 수 있다. 내 몸과 내 시간을 투입해서 돈을 버는 노동소득보다, 사업이나 투자 등 자산소득이 더 많아지는 단계가 진정한 독립이 된다.

자유를 누리는 독립은 쉬운 일일까? 절대 쉽지 않다. 근로자는 손해를 보는 리스크(risk)가 없지만, 자산소득을 얻기 위해서 하는 사업이나 투자는 손해를 감수하고, 리스크도 떠안아야 한다. 세상에 공짜는 없다. 하지만, 노동소득으로 독립을 이룰 기회를 만들기는 쉽지 않다. 정년까지 잘 버틴다고 하더라도 연금이 부족하면 다시 노동소득을 얻기 위해서 자유를 포기해야 한다.

사업이나 투자에 대한 공부는 자본주의에서 또 하나의 독립운동과 같다. 돈이 돈 버는 사회에서 돈으로부터 자유롭기 위해서 노동소득이 아닌 자산소득을 얻는 방법을 찾아내야 한다.

노후에 필요한 5개의 통장을 미리 만들자

무주택자가 아파트에 당첨되기 위해서는 '주택청약통장'을 만들어서 일정기간 납입해야 점수에 따라서 기회가 주어진다. 마찬가지로 행복하고 건강한 노후생활을 하려면 적어도 5개의 통장을 미리 만들어야 한다. 건강통장, 소득(연금)통장, 관계통장, 재미통장, 의미통장이 그것이다. 즉, 나이 들어서는 일단 건강해야 하고, 필요한 만큼의 돈도 있어야 하고, 가족과 친구 등 좋은 관계를 유지하고, 신나고 재미있는 무언가가 있어야 하고, 개인적으로나 사회적으로 의미 있는 일을 찾아야 한다. 하나씩 살펴보자.

첫째로 '건강통장'은 젊을 때부터 잘 관리하지 않으면 잔고가 쌓이지 않는다. 특히 건강에 나쁜 생활습관을 오랫동안 지속해왔다면 나중에 찾아 쓸 것이 없다. 건강은 육체적인 것과 정신적인 것의 복합체이며, 서로 영향을 미치기 때문에 먼저 균형 잡힌 식생활과 적절한 운동을 통해서 육체적인 건강의 잔고를 쌓아두어야 한다. 그리고 스트레스를 줄이고 긍정적인 생각과 질 높은 수면을 통해서 정신적인 건강의 잔고도 잘 관리해야 한다. 가능하면 노화의 속도를 늦추는 생활습관을 통해서 자연적인 노화가 이루어지도록 관리한다면, 건강통장의 잔고는 100세 넘어서도 잘 유지할 수 있다.

둘째로 '소득통장 또는 연금통장'도 젊은 시절부터 잘 관리하지 않으면 노후에 꺼내 쓸 잔액이 부족하게 된다. 소득통장은 '자산소득'과 '노동소득'의 2가지 파이프라인(pipeline)을 잘 정비해 놓아야 지속적인 소득이 발생된다. 만약 자산소득이나 노동소득이 어렵다면 연금소득이라도 잘 나오는 연금통장을 만들어놔야 한다. 직장인의 경우 연금소득은 '3층 구조'가 보통인데, 1층은 국민연금, 2층은 퇴직연금, 3층은 개인연금이다. 월급을 받는 직장인은 국민연금과 퇴직연금이 강제되고 개인연금은 본인의 선택사항이다. 국민연금과 퇴직연금만으로는 노후생활이 부족하다면 별도로 개인연금으로 보완해야 노후생활비 때문에 어려움을 겪지 않게 된다. 이러한 3층 연금을 준비하지 못한 사람은 국가에서 주는 '기초연금'으로 생활하게 되는데, 그 금액이 많지 않아 이것만으로 인간다운 생활을 기대하기는 어렵다. 나이 들어서도 임대료, 사업소득, 이자소득 등 자산소득이 발생하는 통장을 갖고 있다면 더욱 든든하다. 또한 몸을 움직일 수 있는 일자리가 있다면 노년에도 노동소득이 발생하므로 더 여유 있는 생활이 가능해진다.

셋째로 '관계통장'도 젊을 때부터 잔고를 많이 쌓아두지 않으면 노후에 인출할 것이 없다. '노후'에 필요한 것은 'know who(노후)'라는 말장난도 있는데, 누구를 알고 지내는 것이 중요하다는 뜻이리라. 우리는 나와의 관계, 가족관계, 친구관계, 직장에서의 관계, 거래처와의 관계, 이웃관계 등 다양한 관계 속에서 살아간다. 그런데 막상 주된 일자리에서 은퇴를 하게 되면 남는 통장은 나와의 관계, 가족관계, 친구관계로 좁혀진다. 평소에 나 자신과 대화하지 않았거나, 가족관계에 소홀했거나 친구관계에 시간과 관심을 투자하지 않았다면 그 마저도 잔액이 모두 소진되어 관계통장에는 아무도 남아있지 않은 상태가 될 수 있다. 혼자 외롭게 노년을 보내다가 '고독사(孤獨死)' 당할 가능성도 높아진다. 그러니 지금부터라도 나, 가족, 친구, 이웃 등 가까운 사람들과 더 많은 시간을 보내고, 주변 사람들을 도와주며, 함께 어울리는 방법을 통해서 관계통장의 잔고를 늘려나가야 한다. 관계통장에서 금과옥조로 삼아야 할 원칙은 바로 'give and give(주고 또 주고)' 또는 give and take(먼저 주고 나중에 받기)'의 생활방식이다.

넷째로 '재미통장'은 즐겁고 재미있는 일을 많이 시도해보는 것이다. 자신이 좋아하는 취미생활을 즐기거나, 동호회에 가입해서 비슷한 취미를 가진 사람들과 함께 어울리는 것이 좋다. 이러한 재미통장 역시 젊은 시절부터 배우고 익혀서 잔고를 늘려놔야 나이 들어서도 찾아 쓸 수 있다. 늦게 배우는 것은 힘들기도 하고, 실력이 잘 늘지 않아서 포기하고 싶은 유혹이 많다. 또 '이 나이에 뭘 배운다고 난리야?'라는 눈초리에 의기소침해질 수도 있다. 그러나 그럴수록 '내 나이가 어때서?'라는 배짱으로 밀고 나가야 한다. 100세까지 살아야 하는 세상에서 나이 5~60은 이제 겨우 여름을 지난 초가을이기 때문이다. 노래, 악기, 춤, 외국어, 등산, 낚시, 자전거, 당구, 탁구, 골프,

요가, 명상, 붓글씨, 시낭송 등을 취미로 배우기도 하고, 더 나아가 젊을 때 못한 공부를 위해 대학이나 대학원에 진학해서 박사학위까지 도전해보는 것도 좋다.

다섯째로 '의미통장'은 개인적인 것이든, 사회적인 것이든, 국가적인 것이든 무언가 의미 있는 활동을 시작하는 것이다. 해외에 봉사활동을 나가거나, 반드시 해외가 아니라도 국내에서 '자원봉사'를 하는 경우가 대표적이다. 반드시 몸으로 하는 봉사활동만 의미하지 않고 기부를 통해서도 의미 있는 삶이 가능하다. 내가 아는 외국계회사 K대표는 정년퇴직하면서 사회복지사와 요양보호사 자격을 취득한 후 요양원이나 요양병원에 자원봉사를 나가는데 큰 보람을 느낀다고 한다. 돈을 받지 않고 하는 자원봉사이니 맘도 편하고 몸을 움직이면서 자신의 건강도 챙길 수 있으니 의미통장의 잔고는 계속 늘어만 가는 것이다.

5개의 통장은 젊은 시절부터 잘 관리해야 노년에도 잔고가 남아 있게 된다. 지금 당장 내 건강통장, 소득통장, 관계통장, 재미통장, 의미통장의 잔고가 얼마나 되는지 점검해보고, 부족한 통장의 잔고를 늘리는 방법을 스스로 찾아보자.

나이 들수록 노동소득보다 자산소득을 늘리자

사람은 누구나 다른 사람, 기업, 조직에 자신이 갖고 있는 시간, 노동, 아이디어, 돈, 자본, 사업, 투자 등을 제공하고 그에 대한 대가를 받아 생활을 한다. 그 대가를 우리는 임금, 급료, 용역비, 이자, 이윤 이름의 '소득'이라고 한다. 이러한 소득은 크게 '노동소득'과 '자산소득'으로 구분할 수 있다. 노동소득(active income)은 글자 그대로 사람이 노동력을 제공하고 그 대가로 임금, 기타의 소득을 얻는 것이라면, 자산소득(passive income)은 사람의 노동력이 아닌 자본, 투자, 사업 등을 통해서 소득이 발생되는 것이라는 차이가 있다.

영어로 노동소득은 사람이 땀을 흘려서 받는 소득이라는 뜻에서 능동적인 소득, 자산소득은 사람의 노동력이 개입되지 않는다는 뜻에서 수동적인 소득으로 표현한다. 그런데 이 자산소득(수동적 소득)을 일하지 않으면서 벌어들이는 소득이라는 의미에서 '불로소득'이라고 깎

아내리기도 한다. 불로소득이라고 하면 그냥 공짜로 얻어지는 느낌이 들지만, 자산소득도 자본·투자·경영 등을 투입하기 때문에 노력하지 않고 나오는 공짜소득이 아니다. 오히려 더 많은 시간과 노력을 투입해야 나올 수 있는 소득이므로 전체를 통틀어서 자산소득으로 표현하는 것이 타당하다.

젊은 시절에는 노동소득이 대부분을 차지한다. 학교를 졸업하고 직장에 들어가면 신입사원부터 시작해서 수차례의 승진을 거쳐 부서장, 그리고 임원이나 대표가 되기도 한다. 필요한 경우 전직을 통해서 직장을 바꾸기도 하고, 자신의 사업을 위해서 직장을 떠나기도 한다. 정년까지 버티는 사람도 있지만, 명예퇴직이나 희망퇴직이라는 제도를 통해 미리 주된 직장에서 떠나는 경우도 있다. 어떤 사람은 본래의 직장에 충실한 반면, 어떤 사람들은 투잡(two job), 쓰리잡(three job)에 뛰어들어 더 많은 소득을 올리기도 한다. 일부는 주식이나 부동산 투자를 통해서 노동소득과 함께 자산소득을 얻는 사람도 있다. 노동소득보다 자산소득이 많아지는 경우 경제적 자유를 위해 조기은퇴를 하는 'FIRE족'이 탄생하기도 한다. 아무튼 점점 나이가 늘어가고 구력이 많아질수록 노동소득과 함께 자산소득이 늘어나가는 시스템을 갖춰나가야 한다.

자산소득이 없고 노동소득만으로 살아가는 사람은 소득 중에서 일정부분을 미래를 위한 자산소득으로 바꾸어야 한다. 노동소득은 기업을 떠나거나 정년으로 퇴직을 하면 0원이 된다. 따라서 노동소득이 있는 동안에 노후를 위한 연금이나 보험을 미리 준비해두어야 한다. 국민연금과 퇴직연금은 법률에서 강제하는 것이므로 선택의 여지가 없이 납부해야 한다. 국민연금은 기업과 개인이 각각 1/2씩 부담해서 적립한 후 62세~65세부터 매월 일정금액을 국민연금공단으로부터 노후생활비로 받게 된다. 최근 국민연금의 부담금은 늘리고 수령하는 연금액은 줄이는 법률이 개정되었다. 지금과 같은 추세라면 2055년경에는 국민연금이 고갈되어, 지금 열심히 국민연금을 내고 있는 젊은 사람들은 아예 받을 수 있는 연금 자체가 없어질 위험도 있다.

정부와 국회에서 관련 법률을 개정해서 더 내고 덜 받도록 했지만, 그럼에도 국민연금이 고갈되는 사태를 막기 어려울 것으로 보인다. 젊은이들은 국민연금납부 거부 운동을 할 가능성이 있다. 납부금을 충실하게 냈음에도 연금을 탈 나이가 되었을 때 받을 연금이 없다는 사실 자체를 받아들이기 어렵다. 또한 1인 이상의 모든 사업장에 퇴직금이나 퇴직연금이 강제되고, 1년에 약 1개월분을 퇴직연금기금으로 금융기관에 납입하면 55세 이후 퇴직하는 근로자가 일시금이나 연금으로 받을 수 있다. 이러한 퇴직연금은 너무 수익률이 낮아서 노후보장에 문제가 생긴다고 한다. 국민연금과 퇴직연금이 정년이후의 노후를 보장하지 못한다면, 결국 별도로 개인연금에 가입해서 부족한 노후비용을 채우거나 아니면 자산소득이 나올 수 있는 방안을 미리 만들어두어야 한다.

노동소득과 달리 자산소득은 노동력을 제공하지 않아도 나올 수 있으므로 나이가 들거나 퇴직을 하다라도 지속적으로 생길 수 있다. 세계적인 투자자 버핏은 '만약 잠자는 동안 돈 버는 방법을 찾지 못한다면 당신은 죽을 때까지 일해야 할 것이다.'라고 했다. 문제는 아무리 일을 하려고 해도 나이 든 사람을 뽑으려는 기업이 없다는 점이다.

일자리가 없다는 것은 결국 노동소득자에게는 소득이 0원이라는 뜻이다. 만약 노후 생활비가 한 달에 3백만 원이 들어간다면 노동소득이 0원이므로 자산소득이 3백만 원이 되어야 겨우 균형을 맞출 수 있다. 젊을 때 국민연금, 퇴직연금, 개인연금을 통해서 3백만 원을 만들었다면 이미 자산소득이 3백만 원이기 때문에 크게 문제될 것은 없다. 이렇게 젊을 때 써야할 돈에서 일부를 이연시켜 노후에 사용하면 된다.

만약 연금소득이 없거나, 조금밖에 없다면 다른 여러 가지 파이프라인을 통해 자산소득이 나올 수 있도록 해야 한다. 자산소득은 여러 가지가 있다. 자신에 맞는 파이프라인을 찾아내는 것도 중요한 역량이다. 첫째는 건물 임대료 소득을 만들거나, 건물이 아니더라도 각종 렌탈 서비스, 구독서비스, 사진이나 일러스트 대여 등 무언가 빌려주고 그 대가를 받을 수 있다. 둘째는 컴퓨터 소프트웨어 시스템이나 스마트폰 앱을 개발해서 지속적으로 사용료를 받는 방법도 있다. 인터넷이라는 글로벌 시장은 능력에 따라 수백, 수천만 사람들에게도 영향력을 행사할 수 있고 잘 만든 웹사이트 하나로 수천만 명의 고객을 모을 수 있다. 세 번째는 콘텐츠 시스템으로 사람들에게 보여주거나 알려주고 싶은 주제를 정해서 글이나 영상, 이미지 등으로 자신만의의 창작물을 만드는 시스템이다. 보통은 전자책이나 블로그 등의 글, 유튜브나 틱톡 등 영상, 페이스북이나 인스타그램 등을 적절하게 활용한다. 네 번째는 유통 시스템으로 제품을 다수의 소비자들에게 전달하기 위해서 만들어진 구조 및 조직이다. 유통 시스템을 통해 제품의 영향력을 널리 퍼뜨려 가치가 극대화된 사례는 미국의 아마존, 중국의 알리바바, 한국의 쿠팡 등이 있다. 프랜차이즈 체인점도 유통 시스템을 활용한 것으로 성공 사례로는 스타벅스와 맥도날드가 있다. 다섯 번째는 예금이나 적금을 활용해서 이자를 받는 것이다. 하지만 이자율이 낮거나 화폐 가치가 변동되는 경우 실질적으로는 손해를 보는 경우도 있다. 여섯 번째는 주식배당금을 매년 받는 방법으로 배당을 잘 하는 기업에 투자해서 자산소득을 올리는 것이다.

유념해야 할 것은 자산소득이라 하더라도 일정규모가 되기 전까지는 자신의 시간과 노력을 들여야 하므로 그냥 공짜로 생기는 것은 없다는 사실이다. 임대료를 받으려면 건물이나 부동산, 렌탈 물건을 구입할 돈이 먼저 마련되어야 한다. 그 건물을 사기까지 엄청난 양의 땀과 눈물을 흘렸기 때문에 자산소득이 발생할 수 있는 것이다. 앱 개발도 마찬가지고, 유튜브나 블로그 또는 인스타그램 등도 많은 시간 공을 들였기 때문에 나중에 자산소득이 나온 것이다.

돈이 권력이고 명함이니 '돈 공부'해보자

현대 자본주의사회를 한마디로 줄이면 '돈이 주인'인 세상이다. 돈이 가장 막강한 권력을 갖게 만든 사회가 자본주의의 맨얼굴이다. 즉, 돈을 쓰는 사람이 계약에 의해 주도권을 갖게 된다. 계약자유라는 이름으로 돈을 받는 사람은 돈을 주는 사람에게 예속되거나 지시에 따르는 시스템이다. 돈을 주는 소비자는 왕 대접을 받길 원한다. 돈을 주는 사장도 역시 근로자나 종업원을 수족처럼 부리고 싶어 한다. 사람의 노동력을 돈을 사는 것이지만, 그 노동력은 그 사람의 인격이며 모든 것이다. 사람의 육체와 영혼에서 노동력만을 따로 떼어낼 수 없기 때문이다. 노동력을 거래한다는 고상한 표현을 쓰지만, 실상은 그 사람의 '신체와 정신'을 지휘감독 하는 것이다. 적어도 8시간 동안은 조직이 시키는 일을 해야 하는 것이 노동력을 판 사람의 의무가 된다. 그러니 돈을 주는 쪽의 명령은 곧 돈의 힘이다.

나이 들어 조직을 떠나고 나면 돈이 권력이면서 명함이라는 사실을 확실하게 인정하게 된다. 젊은 시절에는 직장이 권력이요 명함이었지만, 은퇴 이후에는 직장이 없기 때문에 왕년에 했던 직장을 자랑하며 살아간다. 직장도 없고 명함도 없는 사람 사이에서 돈은 모든 것을 결정한다. 밥값을 내거나 술값을 내는 사람의 목소리가 커지는 것은 당연하다. 돈 내는 사람은 자신이 원하는 대로 돈의 힘을 사용한다.

거래의 편리성을 위해 돈이 탄생했지만, 이제는 돈이 사람을 부려먹는 세상이다. 돈이 돈을 벌고, 돈이 명령을 하는 것이 현실이다. 자본주의는 자본이 권력을 가지고, 사람은 그 권력에 종속된다. 가난한 것은 불편한 일이지만, 가난은 죄가 아니라고 한다. 하지만 가난은 자본주의 사회를 살아가는 인간에겐 크나큰 형벌과 같다. 세계적 흥행작인 '오징어 게임'을 보면 456명의 가난한 사람들이 나온다. 가난하게 사는 이유는 다양하지만, 그들은 돈에 목숨을 건다. 가난한 사람은 돈에서 자유로울 수가 없다. 가난한 사람은 부자들이 시키는 일을 하고 살아간다. 먹고살려면 누군가에게 내 '육체와 정신'을 팔아야 되기 때문이다. 계약이라는 이름의 근로계약은 지휘명령을 따라야 하는 계약이다. 태어날 때는 자유인으로 태어나지만, 성장하면서 차츰 자유가 줄어드는 길로 들어선다. 공부 잘해서 좋은 대학 가고, 안정적인 직장에 들어가면서 시키는 대로 일해야 하는 근로자가 되어 간다. 물론 근로시간은 8시간이고 나머지는 자유인이지만, 출퇴근 시간과 잠자는 시간, 밥 먹는 시간 등을 빼고 나면 정작 개인이 사용하는 자기 시간은 그리 많지 않다.

절대적 빈곤을 마주했을 때 절망 속에 포기하거나, 분노 속에 싸우는 것 외에 실제로 우리가 선택할 수 있는 것은 많지 않다. 워킹푸어, 하우스푸어, 에듀푸어, 카푸어 등등 거의 모든 경제, 사회 활동과 관련한 말 뒤에 푸어(poor)라는 가난의 꼬리표가 붙는다. 나아가 젊은 세대에게는 3포, 5포, 7포, 9포, N포까지 점점 그 숫자를 키워가며 poor가 되기도 전에 스스로 포기할 것을 강요당한다.

부자는 나를 위해, 내가 하고 싶은 일을 하면서, 나의 시간을 살아간다. 반면, 가난한 사람은 남을 위해, 남들이 시키는 일을 하느라 내 시간 따위는 꿈도 꾸지 못한다. 부자는 나를 위해 일하지만, 가난한 사람은 남의 위해 일해야 생존이 가능하다. "노동자들이여! 단결하라!" 칼 마르크스와 프리드리히 엥겔스가 지은 공산당 선언에 등장한 구호이다. 이것이 프랑스 파리에서 열린 제2인터내셔널 창립대회에서 "만국의 노동자가 단결하여 노동자의 권리 쟁취를 위해 동맹파업을 하자!"라는 선언을 거쳐 최근에는 "노동자들이여! 단결하여 자본가를 때려 부수고 노동자 세상을 만들자!"라는 과격한 구호로 변해오고 있다.

많은 사람들이 땀 흘려 버는 돈은 좋은 돈이고 나머지 자산소득은 불로소득이라는 이름으로 나쁜 돈이라는 고정관념에 사로잡혀 있다. 그러나 세상에 좋은 돈, 나쁜 돈이 존재하는 것은 아니고 돈은 지극히 중립적이다. 사람들의 생각이 좋은 돈 나쁜 돈을 구분할 뿐이고, 돈은 크기는 다르지만 다 같은 돈이다. 왼쪽 주머니에는 노동을 통해 번 돈이 들어있고, 오른쪽 주머니에는 자산소득이 들어있다고 가정해보자. 마트나 백화점에 가서 왼쪽 주머니에 있는 돈을 받겠는가? 오른쪽 주머니에 있는 돈을 받겠는가? 물어보면 아마 아무 쪽이든 돈만 지불하면 된다는 답이 돌아올 것이다. 노동소득으로 버는 돈은 A통장에 넣고, 자산소득으로 버는 돈은 B통장에 넣는다고 가정해도 마찬가지다. 돈을 받는 입장에서는 A통장에서 송금하든, B통장에서 송금하든 상관하지 않는다. 그럼에도 우리는 노동소득은 신성한 돈, 깨끗한 돈(淸財)으로 인식하는 반면 자산소득은 나쁜 돈, 지저분한 돈(濁財)으로 인식하고 있지 않는가?

결국 사람의 인생은 돈에서 시작해서 돈으로 끝을 맺는다. 인생의 대부분 문제는 돈과 연결되어 있다. 우리는 좋든 싫든 돈 벌기 위해서 일을 한다. 사회에서 우리를 가장 강력히 구속하는 것도 돈이다. 늦었다고 생각할 때가 가장 빠른 때라고 하지 않는가? 지금이라도 돈 공부를 해야 하는 이유는 남은 인생이 길기 때문이다. 100세 시대! 가장 필요한 것이 무엇일까? '뭐니 뭐니 해도 머니(money)'가 아니겠는가? 그놈의 돈! 그놈의 돈이 무엇이라고 인간 세상을 통째로 집어삼키고 인간 위에 군림하고 있으니 돈 공부 안하고 버틸 재주가 있겠는가?

65세가 되면 일단 기초연금을 신청해보자

기초연금은 '기초연금법'에 근거한 저소득층 노인, 즉 가구 '소득인정액(소득평가액+재산의 소득환산액-부채)'이 '선정기준액' 이하인 '만65세 이상' 대한민국 국적의 '국내 거주자'에게 지급되는 공적연금이다. 소득인정액은 소득평가액과 재산의 소득환산액의 합으로 계산되며 소득평가액은 근로소득, 사업소득, 재산소득, 공적이전소득, 무료임차소득 등으로 구성된다. 그리고 재산을 소득으로 환산할 때에는 기본적인 공제액이 존재하며 계산 과정에서 부채는 차감한다. 선정기준액은 65세 이상인 사람 중 기초연금 수급자가 70% 수준이 되도록 보건복지부장관이 매년 단독가구와 부부가구 별로 구분하여 정해서 고시하는 금액을 말한다.

2025년 기준 단독가구의 기초연금 산정기준액은 월 228만 원, 부부가구의 기초연금 선정기준액은 월 364만 8천 원이다. 최대 지급

금액은 단독가구 월 342,510원이며, 부부가구는 548,010원이다. '소득역전방지감액제도'가 있어서 전액을 지급하지 않는 경우도 있다. 이것은 본인의 소득인정액에 기초연금액을 더한 금액이 기초연금 선정기준액을 초과하면 초과한 금액만큼을 기초연금에서 감액하는 제도다. 또한 '국민연금연계감액제도'가 있어서 국민연금의 노령연금이 일정금액을 넘는 경우 감액이 된다.

기초연금은 반드시 신청을 해야 지급하는 것이므로 만65세가 되면 소득이나 재산여부와 관계없이 일단 신청해서 행정기관의 판단을 받아봐야 한다. 본인이 신청하지 않았는데, 알아서 챙겨주지는 않기 때문이다. 소득과 재산이 한 푼도 없는 경우에도 신청하지 않으면 아예 지급하지 않는다. 그리고 소득 하위 70%만 주는 것이므로 상위 30%는 제외된다. 차량배기량 3천cc 이상 또는 차량가액 4천만 원 이상의 고급차량 소유자는 받을 수 없다. 콘도, 골프, 승마, 요트, 고급 체육시설 등 고급회원권 소유자도 제외된다. 예외조항은 있지만 공무원연금, 사립학교교직원연금, 군인연금, 별정우체국연금 수급자 및 그 배우자도 받을 수 없다. 국내거주자에게 지급하는 연금이므로 60일 이상 해외체류자도 지급이 정지된다. 아울러 복역 중인 재소자, 행방불명자, 실종 또는 가출신고자, 국적상실자, 국외이주자도 지급하지 않는다.

소득인정액은 '소득평가액+재산의 소득환산액'인데, 소득평가액은 [(근로소득−112만 원)×0.7]+기타소득(사업소득, 이자소득, 개인연금, 공적연금, 무료임차소득)으로 산정한다. 재산의 소득환산액은 조금 복잡하다. 계산식은 [{(일반재산−기본재산액)+(금융자산−2천만 원)−부

채}×0.04
(재산의 연소득환산율 4%)]÷12개월+고급자동차 및 회원권 가액이다. 아파트, 집, 토지의 가액은 거래가격이나 시가가 아니고 공시지가(시가표준액)로 산정한다. 기본재산액 공제액은 대도시의 경우 1억3천5백만 원, 중소도시 8,500만 원, 농어촌 7,250만 원이다.

기초연금의 신청대상자는 만65세 이상으로 대한민국의 국적을 가지고 국내에 거주하고 있는 경우이다. 만65세 이상자는 바로 신청하면 되고, 만65세가 되는 전달 또는 되는 달까지 신청 가능하다. 신청한 달부터 지급하고 65세로 소급해서 지급하지 않는다. 신청 장소는 읍, 면, 동사무소 또는 국민연금공단 지사 및 상담센타, 그리고 인터넷 복지로 통한 온라인 신청이다. 다만, 온라인 신청은 가족금융정보제공동의 및 주민등록상 주소가 같은 경우만 가능하다. 시/군/구청에서 소득이나 재산 조사를 한 후 대상자를 결정한다. 기초연금지급일은 매월 25일이다. 신청일이 속하는 달부터 소급해서 지급한다.

기초연금을 신청할 때는 신분증, 통장사본, 배우자의 금융정보제공 동의서를 준비한 후 읍/면/동사무소 또는 국민연금공단을 방문하면 된다. 현장에서 사회보장급여 신청서, 금융정보제공동의서, 소득 재산 신고서, 기초수급희망 이력관리 신청서 등을 작성해서 제출한다. 소득인정액이나 재산의 소득환산액은 계산이 엄청 복잡하므로 미리 안 될 것이라 지레짐작하지 말고, 일단 신청한 후 행정기관의 가부(可否) 결정을 기다리는 지혜가 필요하다.

국민연금 5년 앞당기는 게 더 좋을까? 5년 늦추는 게 더 좋을까?

국민연금을 앞당겨 받는 게 유리한지? 아니면 늦춰 받는 게 유리한지? 국민연금, 도대체 몇 살부터 받아야 나한테 가장 유리한가? 최대 5년을 앞당겨 받거나, 제때 받거나, 최대 5년을 늦춰 받을 수 있기 때문이다. 과연 3가지 방법 중에 어떤 것을 선택해야 할지? 국민연금의 노령연금 수급 개시 시기는 출생연도에 따라 조금씩 늘어나서 젊은 사람은 만65세가 되어야 받을 수 있다. 65세를 기준할 경우 60세부터 '조기노령연금', 65세부터 정상적인 노령연금, 70세부터 '연기연금'을 받게 된다.

국민연금 제도가 도입된 게 1988년도인데, 당시 노령연금은 60세부터 지급하기로 했다. 하지만 이후에 국민연금 재정 건전화 등 각종 이슈들이 생겨나면서 수급 개시 연령이 65세를 향해서 점차적으로 늦춰가고 있는 단계라고 보면 된다. 1952년생 이전은 60세, 1953

년~56년생은 61세, 1957년~1960년생은 62세, 1961년~64년생은 63세, 1965년~68년생은 64세, 1969년생 이후부터는 65세가 수급개시 연령이 된다.

[노령연금 등 출생년도별 지급개시 연령]

노령연금, 분할연금, 반환일시금 등		조기노령연금 2013년 1월 이후	
~1952년생	60세부터	~1952년생	55세부터
1953~1956년생	61세부터	1953~1956년생	56세부터
1957~1960년생	62세부터	1957~1960년생	57세부터
1961~1964년생	63세부터	1961~1964년생	58세부터
1965~1968년생	64세부터	1965~1968년생	59세부터
1969년생~	65세부터	1969년생~	60세부터

그런데 이건 어디까지나 개시 연령을 법적으로 정해둔 것이 뿐이고, 개시시기를 최장 5년 정도 당길 수도 있고, 5년 정도 뒤로 늦출 수도 있다. 이렇게 5년 당기고, 5년 뒤로 늦추면 기준 연령 기준으로 보면 한 10년 범위 내에서 내가 연금 받는 시기를 조절할 수 있다.

조기노령연금, 즉 당겨 받으려면 어떤 자격을 갖춰야 되는지? 노령연금을 받으려면 기본적으로 국민연금 보험료를 10년 이상 납입은 해야 된다. 10년 이상 납입을 한 사람이 수급 개시 연령이 되면 원래 노령연금을 받을 수 있는데, 당겨서 받으려면 기본적으로 소득이 있는 업무에 종사하지 않아야 된다. 전체 가입자의 평균값에 해당하는 A값보다 소득이 많으면 소득 있는 업무에 종사한다고 본다. 이 A값이라는 것은 국민연금 가입자의 최근 3년간 평균 소득이라고 보면 된다. 즉, A값보다 내 소득이 적어야 조기노령연금을 탈 수 있다. 내 소득을 산정할 때 기준이 되는 것은 1년 동안 벌어들였던 근로소득과 사업소득 금액을 1년 내내 일했으면 12개월로 나누면 된다.

근로소득은 자기가 벌어들이는 수입에서 필요 경비는 뺀 금액이고, 자영업자나 사업자 같은 경우에는 총 수입 금액에서 필요 경비를 제외한 금액을 종사 월수로 나눈 금액이 총 소득이 된다. 얼마나 적게 지급하느냐? 기본연금과 부양가족연금이 있는데, 감액하는 것은 기본연금액이 1년 당길 때마다 6%씩 줄어든다. 만약 최장 5년을 당겨서 받으면 30% 정도 감액된다. 이렇게 당겨 받는 경우와 제때에 받는 경우를 비교해보면 약 10년 정도는 당겨 받는 총금액이 더 많게 된다. 물론 이자와 물가상승률은 감안하지 않고 순수하게 받는 금액만 비교한 것이므로 다른 변수가 있다면 결과는 달라질 수 있다. 65세에 정상적인 노령연금 1백만 원 받을 사람이 5년을 앞당겨 60세부터 조기노령연금을 수령할 경우 75세가 되는 해에 총 1억 2600만 원이 된다. 비교해서 65세부터 정상적으로 수령할 경우 총 1억 2천만 원이 되므로 조기 수령하는 것이 유리하다. 그러나 80세가 되는 해에 조기수령은 1억 6800만 원이 되는데 반해서 정상적으로 수령할 경우 1억 8000만 원이 되므로 정상수령이 더 유리하다. 물론 당겨 받은 돈을 수익률이 좋은 곳에 투자해서 투자소득이 많아지면 당겨 받는 것이 더 유리한 경우도 있다.

5년을 연기해서 받는 '연기연금'과 정상적으로 받는 '노령연금'도 비교해볼 필요가 있다. 연기연금은 노령연금 수급자가 희망하면 언제든지 신청을 할 수 있다. 수급권을 취득한 날로부터 최대 5년간 뒤로 연기를 할 수 있는데, 내가 받는 연금을 전부 다 연기하는 것도 가능하고, 일부만 금액을 나눠서 연기하는 것도 가능하다. 연기 했다가 중단했다가 다시 연기하는 것도 가능하다. 한 달에 0.6%씩 연금액을 늘려주니까 1년이면 7.2% 정도가 늘어난다. 최장 5년간 연기를 할 수 있으므로 5년간 연기를 하게 되면 36% 정도의 연금이 늘어나게 된다. 또 5년간 물가 상승에 따른 인상률이 적용돼서 36%보다는 좀 더 많이 받게 된다. 65세에 정상적으로 노령연금을 받는 경우에는 80세까지 총 1억 8000만 원을 수령하고, 연기연금을 받는 경우에는 80세까지 총 1억 6320만 원을 수령하므로 정상적인 노령연금을 받는 것이 더 유리하다. 그러나 85세를 기준해서 보면 정상적이 노령연금은 2억 4000만 원인데 비해, 연기연금은 2억 4480만 원으로 연기연금이 더 많아진다.

구분	조기노령연금(60세)	정상적인 노령연금(65세)	5년 연기연금(70세)
월 금액	70만 원	100만 원	136만 원
연 금액	840만 원	1천 2백만 원	1632만 원
70세 총액	8400만 원	6천만 원	0원
75세 총액	1억 2600만 원	1억 2000만 원	8160만 원
80세 총액	1억 6800만 원	1억 8000만 원	1억 6320만 원
85세 총액	2억 1천만 원	2억 4000만 원	2억 4480만 원
90세 총액	2억 5200만 원	3억 원	3억 2640만 원
95세 총액	2억 9400만 원	3억 6000만 원	4억 0800만 원
100세 총액	3억 3600만 원	4억 2000만 원	4억 8960만 원

그렇다고 연기 신청을 하는 게 정말 유리할까? 반드시 그렇지는 않다. 소득이 없어서 생활비가 없는 사람은 조기노령연금을 신청해서

일단 급한 불부터 끄고 봐야 한다. 생활비를 빚내서 해결할 수는 없기 때문이다. 또한 건강이 좋지 않아서 80을 넘기지 못할 것으로 예상된다면 일찍 수령하는 것이 더 유리하다. 최근에 이슈가 되는 것은 건강보험과 기초연금 등에서 연기연금을 받는 사람에게 불이익을 준다는 것이다. 국민연금 수령액이 연간 2천만 원을 초과하는 경우 건강보험 피보험자 자격에서 탈락하게 되고, 지역가입자 건강보험료를 상당히 많이 부담해야 한다. 국민연금이 많아지면 하위 70%에게 지급하는 기초연금도 지급하지 않거나 일부만 지급하는 불이익이 있다. 소득이 많은 사람은 국민연금이 5년간 최대 50% 정도 감액되므로 그럴 경우에는 5년간 연기했다가 나중에 받는 것도 대안이 된다. 5년이 지나면 소득이 있더라도 감액을 하지 않기 때문이다.

결국 자신의 경제사정과 소득, 건강보험료, 기초연금, 건강상태 등 여러가지 사정을 고려해서 조기노령연금, 정상적인 노령연금, 연기연금 중에서 선택할 수밖에 없다. 65세에 정상적인 노령연금을 수령하는 사람의 경우 80세를 넘기지 못할 것 같으면 조기노령연금, 80~85세 정도 수명을 예상하면 정상적인 노령연금, 85세가 넘을 것으로 예상되면 연기연금을 선택하는 것이 현명하다. 그런데 자신의 생존여명을 정확하게 알 수 있는 사람이 어디 있겠는가? 그러니 그냥 법에서 정해진 시기에 정상적으로 노령연금을 수령하는 것이 가장 편한 방법이다.

최근 조기노령연금을 신청하는 사람이 늘어나는 이유는 건강보험과 기초연금에서의 불이익을 최소화 하려는 자구책인 경우가 많다. 국민연금이 유일한 수입인 노인들에게 건강보험, 기초연금, 세금 등에서 불이익을 주는 것은 국민연금에 대한 부정적인 여론이 형성될 위험도 있다. 더구나 3~40년 후에는 국민연금 재정이 고갈되어 지금 젊은이들은 열심히 국민연금을 납입하고 있음에도 정작 자신들이 연금을 탈 시기가 되면 받을 게 없다는 절망에 빠지기도 한다. '더 내고 늦게 받는 방식'으로 이부 보완을 했지만, 젊은이들의 기대와 희망을 배신하지 않는 정책적인 결단이 필요하다. 국민연금에 대한 비판적 시각은 있지만, 일단 기본적인 의식주를 해결할 수 있는 돈이 소득이 없는 시기에 나온다는 측면에서 노후에 가장 든든한 버팀목이라는 사실은 인정해야 한다.

노후생활비가 부족한 경우 주택연금을 활용해보자

주택연금이란 주택 소유자가 보유한 주택을 담보로 '대출'을 받아 한국주택금융공사로부터 노후 생활자금을 매월 지급받는 제도를 말한다. 즉, 내 집에 평생 거주하면서 평생 연금 지급을 보장하고, 가입자가 사망한 후에도 연금에 감액 없이 배우자에게 동일한 금액을 지급한다. 부부가 모두 사망하는 경우에는 정산 후에 연금 지급을 종료하게 되는데, 이때 주택을 처분한 가격으로 정산 금액이 부족하면 공사가 부담하고, 남으면 자녀에게 상속해준다. 다만, 주택연금은 도중 집값이 오르거나 내려도 연금 지급액이 변동되지 않는다. 연금이라는 말을 사용하지만, 주택을 담보로 매월 생활비를 대출해주는 제도로 이해하면 된다. 장단점이 많이 있으므로 신중하게 가입여부를 검토해야 후회하지 않는다. 은퇴하고 정기적인 소득이 없이 국민연금만으로는 생활비가 부족한 경우, 자식에게 손 벌리지 않고 자신의 주택에 거주하면서 매월 일정금액을 받을 수 있는 장점이 있다. 대출이자가 복리로 계산되고, 물가상승률이나 주택가격 상승률은 감안하지 않는 단점도 있다

주택연금의 가입 조건은 부부 중 1명이 '만 55세 이상'이어야 하고, 부부 중 1명 이상이 '대한민국 국민'이며, 부부 기준으로 '공시가격 12억 원 이하의 주택'을 소유하고 있어야 한다. 다주택자도 주택 공시가격을 합친 금액이 12억 원 이하라면 가입이 가능하고, 공시가격 합계가 12억 원을 초과하는 2주택자도 거주하지 않는 주택을 3년 내에 처분하는 조건이라면 가입이 가능하다. 주택연금을 신청하게 되면 공사의 심사를 거쳐 공사가 담보를 취득한 후, 금융기관에 보증서를 발급한다. 보증서가 발급되면 가입자는 해당 금융기관을 방문하여 대출 약정을 체결하고 월 지급금을 받을 수 있다. 이 과정에서 담보 설정 비용 등이 발생하게 되고, 비용은 첫 월지급금 수령 시 은행에서 정산하게 된다.

주택연금의 담보 취득 방식은 저당권 방식과 신탁 방식이 있다. 가입할 때 어떤 방식으로 가입할지를 먼저 선택해야 한다. 저당권 방식은 가입자 주택에 근저당권을 설정하면, 공사는 금융기관에 보증서를 발급하고, 금융기관은 공사의 보증을 바탕으로 가입자에게 연금 대출을 해주는 방식이다. 신탁 방식은 가입자가 공사에 주택 소유권을 신탁하면, 공사는 금융기관에 보증서를 발급하고, 금융기관은 공사의 보증을 바탕으로 가입자에게 연금 대출을 해주는 방식이다. 신탁 방식의 경우, 주택연금을 받는 동안 주택의 등기상 소유자가 공사로 변경되지만, 언제든 연금 대출을 상환하고 소유권을 회복할 수 있

으며, 주택의 관리와 세금은 가입자가 부담하게 된다. 두 방식에는 세 가지의 차이가 있는데, 가입자 사망 시에 배우자의 주택연금 승계 방법, 담보주택을 임대하는 방법, 부부 모두 사망 시 주택 처분 금액에서 그동안 받은 연금을 상환하고 남은 금액을 돌려받는 방법에서 차이가 있다. 주택연금을 신청할 때 두 가지 담보 제공 방식 중 하나의 방식을 택한 후, 연금 지급 기간, 담보주택의 선순위 대출이 있는지 등 신청인의 노후 생활 상황을 고려하여 지급 방식과 지급 유형을 결정하면 된다.

주택연금 지급 방식은 크게 연금 수령 기간에 따라 종신 방식과 확정 기간 방식으로 구분된다. 종신 방식은 담보주택에 평생 거주하며 평생 연금을 받을 수 있고, 확정 기간 방식은 담보주택에 평생 거주하지만 연금을 미리 정한 기간 동안 받게 된다. 매월 연금을 받는 방식과 목돈을 쓰기 위해 인출 한도를 설정하는 방식을 혼합하여 이용할 수도 있으며, 이를 혼합 방식이라고 한다. 여기서 인출한도란 주택연금을 받는 중 목돈이 필요할 때 수시로 인출하여 사용할 수 있도록 앞으로 받을 연금 일부를 미리 떼어 설정해둔 금액을 말한다. 인출한도는 가입 후에도 설정할 수 있으며, 주택 구입 및 임차자금, 도박 등 2개의 용도로는 이용할 수가 없다. 만약 기초연금 수급권자며 부부 기준 2억 원 미만의 1주택만 소유한 경우에는 종신 방식보다 최대 약 21% 많은 월 지급금을 받을 수 있는 우대 방식을 이용할 수 있고, 담보주택의 대출을 받은 금액이 있는 경우에는 이를 상환하는 용도로 보다 많은 인출 한도 설정이 가능하다. 지급 방식과 별개로 지급 유형에는 여러 다양한 월 지급금 유형이 있다. 매월 동일한 월지급금을 받는 정액형, 초기에 월 지급금을 많이 받고 나중에는 적게 받는 초기 증액형, 최초 월지급금은 적지만 3년마다 월 지급금이 증가하는 정기 증가형이 있다. 이 중 초기 증액형과 정기 증가형은 종신 방식의 경우에만 선택할 수가 있고, 확정 기간 방식, 우대 방식, 대출 상환 방식은 정액형으로만 이용할 수 있다.

내가 받을 주택연금액은 어떻게 결정될까? 연금액, 즉 월 지급금을 결정하는 기준은 부부 중 연소자 기준으로 주택연금에 가입하는 시점의 연령, 담보주택 가격에 따라서 결정된다. 담보주택 가격은 부동산테크 인터넷 시세, kb 인터넷 시세, 국토교통부 주택공시가격, 공사와 협약한 감정평가의 6개월 이내 감정평가액을 순차적으로 적용할 수 있다. 이런 과정들을 거쳐서 주택연금을 받게 되면 이후로는 연금을 받는 동안 보증료와 대출 이자를 납부해야 한다. 주택 가격의 1.5%에 해당하는 초기 보증료는 가입 시 한 번, 보증 잔액의 0.75%의 연 보증료는 1월 계산하여 매월 대출로서 납부되어 보증 잔액에 자동으로 더해지기 때문에, 현금으로 직접 납부할 필요는 없다. 여기서 보증 잔액은 대출 잔액과 같은 의미로, 현재까지 지급받은 월 지급금, 개별 인출금, 보증료, 대출 이자를 합한 금액을 말한다. 보증료는 가입자가 오래 생존하거나 주택 가격이 하락했을 때 공사가 입는 손실에 대한 보험료와 유사한 성격을 가진다. 따라서 주택연금을 해지하더라도 이미 납부한 초기 보증료와 연 보증료는 환급되지 않는다. 그러나 최초 대출 실행일로부터 3년 이내에 받은 주택연금을 전액 상환하여 해지하거나, 또 재난으로 주택이 멸실될 경우에는 초기 보증료 일부를 환급받을 수 있다. 예를 들어 4억짜리 아파트를 가지고 있는

65세의 경우, 95세까지 30년 동안 매월 102만 원의 연금을 받는다고 가정하면 총 3억 7천반 원을 받게 된다. 그리고 이자가 2억 1천만 원, 보증료가 7천만 원이다.

주택연금에 가입한 후 최초 월 지급금 실행일로부터 30일 이내에 가입을 철회할 수 있다. 이를 위해 철회 기한까지 철회 신청서를 공사에 제출하고, 연금 대출 전액을 상환해야 한다. 이런 경우에는 초기 보증료와 연 보증료를 전액 환급해 준다. 대출 이자는 대출 잔액의 가입자가 금융기관과 약정한 금리를 적용하여 납부한다. 이때 기준이 되는 금리를 코픽스(COFIX)로 선택하면 대출 금리가 6개월마다 변경이 되고, CD 금리로 선택하면 3개월마다 변경된다. 대출 이자 또한 매월 납부할 이자가 대출 잔액에 자동으로 더해지기 때문에 이자는 복리로 계산된다. 가입자와 배우자가 살아있는 동안 주택연금은 평생 지급되며, 변제할 필요가 없다. 하지만 특정한 사유가 발생한다면 연금 지급이 정지되거나 연금 이용 자체가 종료될 수 있다. 연금이 지급 정지되는 대표적인 사유는 가입자가 돌아가거나, 주택 소유권을 상실하거나, 고객이 직접 지급 정지를 요청하시는 경우 등이 있다.

변제 시기 및 방법에 대해서 살펴보면, 부부가 모두 사망한 경우, 가입자 사망 후 배우자에게 채무 인수가 되지 않은 경우, 부부 모두 다른 장소에 주민등록을 이전한 경우, 부부 모두 담보주택에 실제로 거주하지 않은 경우에 해당하여 변제 시기가 도래하면 그동안 받으신 주택연금을 상환해야 한다. 위와 같은 변제 시기가 되지 않아도 가입자는 언제든지 임의로 변제하고 연금을 해지할 수 있다. 다만, 임의로 연금을 해지하게 되면 원칙적으로는 3년간 동일 주택으로는 다시 주택연금에 가입할 수 없게 된다. 그리고 만약 현금으로 변제가 어려운 경우에 주택을 매각해 변제할 수 있다. 변제 시기가 되었는데 일정 기간 내에 현금으로 변제하거나 매각하지 못하면 주택을 경매나 공매로 처분해야 할 수도 있다. 변제할 금액은 변제일 현재 주택 가격과 대출 잔액 중 적은 금액이다. 따라서 주택 처분 대금이 대출 상환에 부족하더라도 부족한 부분을 추가로 상환할 필요가 없다. 그러나 사망 후 지급된 월 지급금, 조세, 주택의 고의 훼손 등으로 공사가 변제받지 못한 금액이 있으면 공사에서 추가적으로 부족분을 청구할 수도 있다.

주택연금을 받으려면 근저당권 설정 또는 신탁 등기의 방법으로 공사의 담보를 제공해야 한다. 평생 연금을 지급하기 위해서는 안정적인 담보가 바탕이 되어야 하므로, 주택연금을 받는 중 주택을 다른 곳에 담보로 제공하거나 그 밖에 공사의 담보를 침해하는 행위를 할 수 없다. 이를 위해 저당권 방식의 경우에는 담보주택의 부기 등기를 해야 한다. 또한 연금을 계속 지급하기 위해 필요한 경우 공사는 담보 설정 금액의 상향을 요청할 수도 있다. 가입자가 연금을 안정적으로 지급받을 수 있도록 월 185만 원 이하의 금액에 대해서는 압류가 금지되는 주택연금 전용계좌를 이용할 수도 있다. 주택연금을 이용 중에 요양원에 입소하거나 자녀로부터 봉양을 받는 등 공사에서 정한 경우에는 공사의 승인을 받아 다른 곳으로 주소를 이전할 수 있다. 주소를 이전한 경우 담보주택 전부를 임대할 수도 있으나 보증금이 있는 전부 임대는 신탁 방식의 경우에만 가능하다.

건강과 장수의 비결

신체 건강과 웰빙을 위한
실천 방법들

아름다운 노후를 만드는 10가지 좋은 생활습관을 실천하자

한국인의 평균수명 84세! 100세 시대! 희망수명 120세! 오래 사는 것이 당연한 세상을 어떻게 살 것인가? 우리가 살아가는 사회는 디지털전환(DX), 인공지능(AI), 글로벌 경제(Global Economy)를 중심으로 '제4차 산업혁명'이 진행되고 있다. 급격한 변화의 물결에서 밀려나지 않으려면, '변화의 파도'에 올라타는 것이 더 현명하다. 스스로 변화를 선택한다면 멋진 젊음, 아름다운 노후, 존엄한 죽음이 가능할 것이다. 사람은 신(神, God)이 아니기 때문에 죽는 시간을 자신이 선택할 능력이 없다. 언제, 어떻게 죽을지 선택할 수 없지만, 어떻게 살아가야 하는지는 자신이 선택할 수 있다. 그러니 생을 다할 때까지 '100세 시대'에 맞는 생활방식으로 자신을 변화시켜야 한다. 100세 시대를 살아가는데 좋은 10가지 생활습관이란 무엇일까? 이를 실천하는 노력을 기꺼이 해보자.

1. 매순간과 매일을 건강하고 열정적으로 살아간다.

100살까지 살려면 역시 건강이 뒷받침되어야 한다. 육체적인 근육(筋力)뿐만 아니라 정신적인 마음근육(心力)이 잘 버텨줘야 한다. 몸을 움직일 수 있는 일이나 운동, 취미생활을 즐거운 마음으로 하다보면 육체적, 정신적 건강을 모두 유지할 수 있다. 또한 긍정적인 마음으로 자신의 열정을 쏟다보면 자연스럽게 삶의 균형을 유지할 수 있다.

2. 다양한 세대, 다양한 사람들과 아름다운 관계를 만들어간다.

사람은 사회적 동물이기도 하고, 혼자 있으면 '외로움'이라는 마음의 병이 생긴다. 가장 가까운 가족, 친구, 이웃사촌에서부터 동호회, 친목모임, 지역사회 모임 등 다양한 인적 네트워크human (network)에 관심을 가지고 스스로 참여해야 한다. 특히 다른 사람으로부터 마음의 상처받지 않아야 하고, 서로 존중하며 보살펴주는 관계가 되어야 한다.

3. 항상 새로운 것을 공부하고 모험을 즐긴다.

평생 학습은 직업적인 관심보다는 자신이 좋아하는 분야를 공부하는 것이 바람직하다. 세상이 워낙 빠르게 바뀌므로 그 변화의 파도에서 밀려나지 않으려면 무언가 새로운 공부를 계속해야 한다. 기술적인 변화뿐만 아니라, 속칭 '문사철'이라는 문학과 역사, 그리고 철학은 당연하고 자연과학과 경제, 경영, 인간 등 다양한 분야를 공부하다보면 사는 게 조금 재미있어진다. 그리고 새로운 모험을 시도해보면 또 다른 세상을 배울 수 있어서 좋다.

4. 재정적으로 자유롭고 풍요롭게 만들어간다.

돈 문제에서 자유로운 사람은 많지 않다. 특히 평생 동안 직장생활을 해왔던 '회사인간(會社人間)'이었다면 집 한 채와 연금소득이 유일한 재산이며 소득일 가능성이 높다. 국민연금, 퇴직연금, 개인연금의 '3층 연금'을 모두 준비한 사람은 그래도 기본적인 생활은 가능하므로 조금 더 여유롭다. 돈 문제에서 풍요롭고 독립적이려면 젊은 시절에 연금 이외에 '자산소득(passive income)'을 마련해 두어야 한다. 나이 들어서 자신의 노동을 통해 '노동소득(active income)'을 올리기는 쉬운 일이 아니기 때문이다.

5. 의미 있는 일과 재미있는 일 사이의 균형을 최대한 유지한다.

일은 크게 소득, 재미, 의미를 사람들에게 선물한다. 소득도 많고, 재미도 있고, 의미도 있는 일을 하고 있다면 최고로 행복한 사람이다. 그런데 그런 일이 이 세상에 얼마나 될까? 재미없고 의미 없는 일이라도 먹고 살기 위해서는 해야 할 경우도 있다. 돈을 벌기 위해서는 하고 싶지 않은 일도 해야 할 때가 있다. 따라서 나이가 들어가면서는 재미와 의미가 더 큰 일을 찾아보자. 물론 소득도 따라오면 금상첨화(錦上添花)일 것이다.

6. 자신의 시간과 능력, 재능을 최대한 활용한다.

누구에게나 하루 86,400초가 주어져 있다. 부자이든 가난한 사람이든 시간은 조물주(造物主)가 가장 공평하게 나누어준 자산이다. 이 시간을 잘 활용하면 돈, 관계, 건강, 공부 등 다른 자산이 늘어나게 되고 나름 괜찮은 삶을 살아가게 된다. 더 나아가 자신에게 주어진 능력과 재능을 최대한 활용한다면 재미있고 의미 있는 인생이 될 것이다.

7. 신체기관 기능을 최적의 상태로 유지한다.

내부 신체기관은 '5장6부(五臟六腑)'로 구성되어 있고, 골격・근육을 비롯한 외부 신체기관과 유기적으로 연결되어 생명을 유지한다. 이 '신체기관'의 어느 하나라도 고장이 나면 죽음이라는 종착역에 도달할 수 있으니 이들이 최적의 상태를 유지하도록 관리해야 한다. 몸에 좋은 음식을 골고루 먹고, 활발하게 움직이며, 적절한 수면시간을 지키는 등 건강관리에 신경을 써야 한다.

8. 노년이 되어서도 또렷하고 현명한 정신을 유지한다.

나이가 들면 정신도 흐릿해지고, 기억력도 예전만 못하다. 심한 경우에는 치매(dementia)라는 고약한 질병에 걸릴 수도 있다. 평소에 '마음관리'를 잘해야 하고, 가능하면 스트레스(stress)를 멀리하는 생활습관이 필요하다. 가끔은 자신의 마음을 들여다보고, 스스로에게 위로를 전달해야 한다. 매사를 긍정적으로 생각하고, 그러려니 하면서 여유를 가지면 조금 더 편해진다.

9. 새로운 것에 대한 도전을 수용하고 받아들인다.

새로운 것에 도전한다는 것은 언제나 두려운 일이다. 그러나 무엇이든 도전하고 새로운 것을 배우는 자세는 100세 시대에 꼭 필요한 덕목이다. 도전하는 것은 설레고 신나는 일이다. 신나는 일은 재미있고, 쉽게 배울 수 있다. 잘 안되면 될 때까지 반복해서 연습하면 된다.

10. 자신을 잘 알려고 노력하고 자신을 믿어준다.

우리는 자신을 잘 아는 것 같은 착각을 하지만, 실제로는 잘 모른다. 내 마음이 어디로 가는지 잘 모르기에 자신과의 대화를 자주 해야 한다. 다른 사람과의 소통도 필요하지만 '나와의 소통'이 먼저다. 그리고 어려운 세상을 잘 살아가고 있는 자신을 신뢰하고 자신에게 큰 박수를 보내야 한다.

멋진 젊음, 아름다운 노후, 그리고 존엄한 죽음은 내가 만들어가는 나의 작품이다. 정부와 사회, 친구, 그리고 가족이 도움을 줄 수는 있지만 내가 바로 내 '인생연극의 주인공'이다. 그러니 남 탓하지 말고 스스로의 노력과 열정으로 당당한 인생을 만들어가야겠다.

건강하게 오래 살고, 재미있게 사는 것에 관심을 갖자

시중에 회자되는 '3대 거짓말'이라는 농담이 있다. 노인이 빨리 죽고 싶다는 말, 장사하시는 분이 밑지고 판다는 말, 젊은이가 시집이나 장가가기 싫다는 말이 그것이다. 요즘은 이러한 거짓말이 때로는 진담으로 변질되기도 한다. 사는 게 힘든 노인은 어서 빨리 죽었으면 하고 바랄 수도 있다. 장사하시는 분이 상황이 여의치 않을 때는 밑지고 팔기도 한다. 요즘 젊은이들은 'N포 세대'라는 표현에서 보듯이 홀로 독신으로 사는 경우가 많아졌다. 그렇지만 대부분의 노인은 오래오래 살고 싶어 하고, 장사하시는 분은 이윤을 남기고 싶어 하고, 젊은이는 좋은 상대를 만나서 결혼하고 싶어 한다.

우리는 생각보다 오래 사는 세상에 살고 있다. 장수가 '축복'일 수 있지만, 오히려 '재앙'으로 변질될 수도 있다. 너나 할 것 없이 오래 사는 세상이므로 얼마나 오래 사느냐와 함께 얼마나 건강하게 잘 사느냐는 것이 중요해졌다. '개똥밭에 굴러도 저승보다는 이승이 낫다'는 말이 있듯이 오래 사는 것은 좋은 일이다. 그런데 장기간 병치레를 하거나, 다른 사람의 도움을 받으면서 오래 사는 것은 그렇게 행복하지 않다. 여유롭게 건강하게 오래 사는 것이 더 좋다. 재미있고 또 의미 있는 일을 하면서 오래 사는 것은 더더욱 좋은 일이다. 인생이 얼마나 길었는가, 또는 짧았는가도 중요하지만, 얼마나 잘 살았는가 하는 것이 더 중요하다.

오래 산다는 것은 '건강하게 활동하면서 장수한다'는 것이다. 육체적, 정신적 건강을 유지하면서 100세를 산다면 얼마나 좋을까? 그러기 위해서 근력운동, 유산소운동 등 육체적인 운동을 적당하게 해야 하고, 정신건강을 위해서 뇌를 많이 사용하되 스트레스를 줄이는 삶을 살아야 한다. 즉, 더 많이 움직이고, 더 많이 공부하면서, 마음을 열고, 생각을 유연하게 가지는 것이 장수의 비결이다. 거기에 더해서 적당한 영양소 섭취를 위해 골고루 먹고, 하루하루를 즐겁게 사는 것도 중요하다. 규칙적이고 절제하고 중용(中庸)을 지키는 것이 오래 사는 방법이다.

잘 산다는 것은 자신과 가족, 그리고 사회에 무언가 의미 있는 가치를 주면서 자신이 할 일을 한다는 것이다. 따라서 자신의 가치관에 따라 살 수 있도록 스스로 의미 있는 가치관을 정리해 놓아야 한다. 인생에서 무엇이 가장 중요한지, 또한 다른 사람의 어떤 행동을 칭찬하게 되는지 생각해보자. 자신의 인생에서 최고의 시절이 언제였는지, 그 때 무엇을 하고 있었는지도 적어보자. 예를 들어, 자신을 위해 이루어낸 일, 남을 도와준 일, 가진 것을 나눈 일 등에 가치를 부여할 수 있다.

자신을 위한 꿈은 무엇인지? 사회를 위해서 무엇을 하고 싶은지? 무엇이 자신을 신나게 하고 행복하게 하는지? 자신을 움직이게 하는 근본 요소가 무엇인지? 10년 후에는 어떤 모습일지? 100살 때 나는 무엇을 하고 어디에 살고 있을지? 종이에 적어보거나 생각을 다듬어 본다. 그 다음에 자신이 사용할 수 있는 강점과 재능을 찾아서 자신이 가장 잘하는 것, 재미있는 것, 신나는 것을 생각해본다. 자신의 강점을 강화할 수 있는 능력을 키워나가고, 가장 중요한 강점과 재능을 잘 살려 계속 발전시킨다.

자신의 행복을 위해 열정과 취미를 찾아보자. 활동이나 물건 등 자신의 관심을 끄는 것들의 목록을 만든다. 그 다음에 목록에 있는 것들을 어떻게 자신의 삶에 흡수시킬 수 있을지 방법을 찾아본다. 열정이나 취미를 위해 최대한 자주 시간을 보내자. 매일 하는 것이 가장 이상적이다. 다른 사람의 말에 신경 쓰지 말자. 자신의 인생은 자신의 열정을 따라가면 된다. 보다 생산적인 삶을 위해서 자신이 '아침형'인지, 반대로 '저녁형'인지 파악하자. 아침과 저녁 중 언제 완전히 깨어 있고 활기가 생기는지 생각해보라. 그 다음에 가장 중요한 활동을 가장 정신이 명료한 시간에 해보자. 또한 가능하다면 일정을 조절해 앞당기거나 뒤로 미뤄보자.

사회생활 지침을 마련하기 위해 외향형, 내향형, 양쪽형인 성향 중 자신이 어디에 포함되는지 파악하자. 외향형인 사람은 다른 사람들과 어울림으로 에너지를 얻지만 내향형인 사람은 혼자 시간을 보내면서 재충전한다. 양쪽형인 사람은 그 중간이기 때문에 다른 사람들과 어울리는 게 편하기도 하고 혼자일 때가 편하기도 하다. 어느 그룹에 속하는지 파악하면 자신에게 최상의 사회적 상황을 찾는 데 도움이 된다. 일반적으로 외향형인 사람은 외부세계에, 내향형인 사람은 내부세계에 초점을 맞춘다. 예를 들어, 내향형인 사람은 토요일 밤에 집에 있는 것을 즐기는 반면 외향형인 사람은 밖으로 나가는 것을 선호한다. 자신이 행복하다면 두 가지 선택 모두 시간을 보내는 훌륭한 방법이다.

건강하게 오래 사는 것과 재미있게 잘 사는 것의 조화가 행복한 노후, 당당한 노후를 보장한다.

행복한 삶에는 정신적, 신체적인 건강이 모두 중요하다

행복한 삶에는 어떤 공식이 존재하는가? 하버드대학교 연구팀은 1930년대 말에 입학한 2학년생 268명의 삶을 72년 동안 추적하면서 바로 이 질문에 대한 답을 찾아왔다. 조지 베일런트가 쓴 '행복의 조건'이라는 책이 그 과정을 설명하고 있다. 젊은 시절의 행복은 일, 돈, 사랑 등 다양하겠지만 인생의 황혼기에 신체적, 정신적으로 건강한 노화를 예견하는 일곱 가지 조건은 ① 고통에 대응하는 성숙한 방어기제, ② 교육, ③ 안정된 결혼생활, ④ 금연, ⑤ 금주, ⑥ 운동, ⑦ 알맞은 체중이다. 50대에 이르러 그중 5~6가지 조건을 충족했던 하버드 졸업생 106명 중 절반은 80대에도 '행복하고 건강한' 상태였고, 7.5%는 '불행하고 병약한' 상태였다. 반면, 50대에 3가지 미만의 조건을 갖추었던 이들 중 80대에 '행복하고 건강한' 상태에 이른 사람은 아무도 없었다.

첫째로 정신적인 행복조건은 성숙한 방어기제와 긍정적 사고이다. 이는 소소하게 불쾌한 상황에 부딪치더라도 심각한 상황으로 몰아가는 일 없이 긍정적으로 전환할 수 있는 능력을 말한다. 행복하고 건강한 삶을 살아가는 이들은 대부분 성숙한 방어기제를 가지고 있지만, 불행하고 병약한 삶을 살아가는 이들에게서는 성숙한 방어기제를 찾아보기 힘들었다. 50세에 지녔던 성숙한 방어기제가 곧 노년의 정신사회적 건강을 좌우하는 중요한 요소로 작용하기 때문에 그런 결과가 나온 것이다. 마틴 셀리그만도 '긍정심리학'에서 같은 얘기를 하고 있다. 'H=S+C+V'라는 행복 공식에서 H는 영속적인 행복의 수준, S는 이미 설정된 행복의 범위, C는 삶의 상황, V는 개인이 스스로 통제할 수 있는 자율성을 가리킨다. 영속적인 행복의 수준과 관련해서는 개인의 영속적인 행복의 수준과 순간적인 행복의 수준과의 차이를 인식하는 것이 중요하다. 순간적인 행복은 초콜릿, 코미디 영화, 꽃 같은 다양한 방법으로 쉽게 증가시킬 수 있다. 그러나 순간적인 긍정적 감정이 많다고 해서 영속적인 행복의 수준이 증가하는 것은 아니다. 삶의 상황이나 개인이 스스로 통제할 수 있는 자율성이 성숙한 방어기제의 중요한 요소가 된다.

사람마다 누릴 수 있는 참된 행복은 차이가 있고, 참된 행복에 이르는 길도 다양하다. 긍정적 정서는 과거, 미래, 현재 세 가지로 나눌 수 있다. 첫째, 과거에 대한 긍정적 정서를 증가시키는 방법은 감사와 용서, 그리고 결정론적 사고방식에서 벗어나는 것이다. 둘째, 미래에 대한 긍정적 정서를 배양하려면 비관적 사고를 정확하게 인식하고 반박할 능력을 길러야 한다. 셋째, 현재에 대한 긍정적 정서는 쾌락과 만족으로 나뉘는데 쾌락은 순간적이나 현실을 느긋하게 음미하며 관심을 기울일 때 승화시킬 수 있다. 만족은 쾌락보다 오래 지속된다. 만족의 특징은 심취, 전념, 몰입이다. 만족은 자기 자신의 강점과 미덕을 발휘할 때 얻는 것이다. 행복한 삶은 자신의 대표 강점을 잘 발휘하여 참되고 풍요로운 만족을 얻는 데 열중하는 것이다. 의미 있는 삶은 행복한 삶보다 한 가지 특징이 더 있다. 바로 자신의 대표 강점을 자신의 존재보다 더 큰 무엇에 이바지하는 데 활용하는 것이다. 이 세 가지를 아우를 때 진정으로 행복한 삶이 된다.

둘째로 신체적인 행복조건은 교육, 안정된 결혼생활, 금연, 금주, 운동, 알맞은 체중이다. ① 교육은 많이 받은 사람이 더 행복하고 건강한 이유는 자기관리에 충실하며 교육을 받음으로써 자기 삶의 진로를 스스로 결정할 수 있기 때문이다. 또한 교육을 많이 받은 사람은 나이가 들어 근력이 떨어지더라도 지식을 활용해서 사회에서 기여할 수 있는 일을 찾을 수 있다. ② 알맞은 체중과 안정적인 결혼생활, 규칙적인 운동 역시 건강한 노화를 위해 중요한 요소들이다. 비만은 담배를 피우는 것만큼이나 신체건강에 나쁜 영향을 미친다. 행복한 결혼생활과 규칙적인 운동은 신체건강은 물론 정신사회적 건강에까지 좋은 영향을 미친다. ③ 금연과 관련해서는 50세 이전에 담배를 많이 피웠는지 여부는 건강한 신체적 노화에 중요한 영향을 끼친다. 흡연은 널리 알려진 것처럼 악성 종양, 심혈관질환 그리고 골다공증에 의한 대퇴골 골절 등 수많은 질환들의 발생과 매우 밀접한 관련성을 갖는 생활습관이다. ④ 알코올 중독은 노년의 정신사회적 건강은 물론 신체적인 건강을 좌우하는 결정적 요소다. 알코올 중독은 알코올로 인해 배우자나 가족, 직장동료와의 관계 또는 사회질서나 건강에 심각한 장애를 가져온다. 알코올 중독은 자살, 살인, 암, 심장질환, 면역체계 약화를 유발하므로 알코올 중독으로 인한 사망률이 간경변이나 자동차 사고로 인한 사망률보다 높다고 볼 수 있다.

셋째로 마음보다는 실천이 중요하다. 순자는 '길이 가깝다고 해도 가지 않으면 도달하지 못하며, 일이 작아도 행하지 않으면 성취되지 않는다.'고 했다. 행복해지려고 마음먹는 것이 준비운동이라면 실제로 행복해지려는 행동을 해야 한다. 마음만으로는 아무 것도 이루어지지 않는다. 긍정적인 마음을 가지는 것은 정신적인 건강에 좋지만, 실제로 긍정적인 행동을 해야 효과가 나타난다. 금연과 금주도 역시 마찬가지다. 단순히 담배를 끊어야지, 또는 술을 끊어야지라는 생각만으로 금연과 금주가 실현되지 않는다. 머릿속에 있는 생각이 가슴을 거쳐 손이나 발로 옮겨지는 과정이 너무나 멀기 때문이다. 생각했으면 바로 행동으로 옮기는 실천력이 행복하고 건강한 삶을 보장한다. 교육도 이제 평생교육시대에 접어들었으므로 가방끈이 짧은 사람은 스스로 가방끈을 늘리면 된다. 언제나 어디서나 배울 수 있는 환경에서 못 배운 탓만 하고 있다면 그 책임은 본인 몫이다. 알맞은 체중이나 운동 역시 생각만으로 이루어지지 않는다. 지금 즉시 실천 가능한 행동을 적어보고 바로 시행해야 한다.

작심삼일(作心三日)이라도 우선 시작하는 것이 중요하다. 작심삼일을 백번 하면 1년 동안 시도한 것이다. 정신건강이든 육체건강이든 타고난 것을 바꾸는 것은 본인의 노력과 실행에 좌우된다.

건강 장수를 위해 '신 삼강령 팔조목'을 실천하자

동양고전의 하나인 "대학(大學)" 경문에 있는 '명명덕(明明德) · 친민(親民) 또는 신민(新民) · 지어지선(止於至善)'의 셋을 삼(3)강령이라 하고, '격물(格物) · 치지(致知) · 성의(誠意) · 정심(正心) · 수신(修身) · 제가(齊家) · 치국(治國) · 평천하(平天下)'를 팔(8)조목이라고 한다.

삼강령은 "마음을 다하여 더 밝고 가치 있는 능력을 계발하고(명덕), 주변사람들을 새롭게 변화시키며(친민 또는 신민), 이 세상을 지극히 선한 곳으로 만드는 데 있다(지어지선)"는 뜻이다. 팔조목은 삼강령의 구체적인 실천방안으로 '수기치인(修己治人)'의 동양사상을 표현한 것이다. 즉 자기 자신을 먼저 갈고 닦아(수신) 다른 사람과 세상을 아름답게 만든다(평천하)는 뜻으로 해석된다. 즉 사물을 규명(格物)한 뒤에야 앎에 이르고(致知), 앎에 이른 뒤에야 뜻이 진실하게 되고(誠意), 뜻이 진실하게 된 뒤에야 마음이 바르게 되고(正心), 마음이 바르게 된 뒤에야 몸이 닦아지고(修身), 몸이 닦아진 뒤에야 집안이 가지런해지고(濟家), 집안이 가지런해진 뒤에야 나라가 다스려지고(治國), 나라가 다스려진 뒤에야 천하가 태평하게 된다(平天下).

노화전문가인 박상철교수가 '건강장수를 위한 삼강령, 팔조목'으로 강의한 것에 약간의 살을 붙여서 정리해본다. 신 삼강령은 '하자(Do it, 行止), 주자(Give it, 與止), 배우자(Prepare it, 習止)'의 3가지 원칙이며, 신 팔조목은 '몸을 음직이자, 마음을 쏟자, 변화에 적응하자, 규칙적으로 살자, 절제하자, 나이 탓하지 말자, 남 탓하지 말자, 어울리자'의 8가지 행동지침이다.

신 삼강령 중 첫 번째는 '하자(Do it, 行止)'인데, 마음만 먹지 말고 행동으로 실천해야 한다는 의미다. 건강하게 장수하는 사람들은 적당하게 몸을 잘 '움직인다'는 것이다. 농촌이나 산골에서는 농사를 짓는 움직임부터 걷기, 취미활동 등을 통해 근력과 지구력, 그리고 균형감각을 키워온 효과가 노년에도 유지되는 것이다. 다만, 너무 격한 운동이나 과한 노동은 건강장수에 역효과가 나타나기 때문에 조심해야 한다. 아울러 마음이 편해야 하므로 스트레스를 받지 않는 생활을 해야 한다. 도시에 사는 사람보다 농촌이나 산골에 사는 사람들이 더 장수하는 비결은 여러 가지가 있지만, 정신적인 스트레스가 적은 것도 하나의 요인일 것이다.

두 번째는 '주자(Give it, 與止)'인데, 무엇이든 내 것을 챙기기 보다는 다른 사람을 먼저 배려하고, 내가 가진 것을 나누어주어야 한다는 의미다. 주는 사람이 더 큰 기쁨을 느낀다. 주는 사람이 더 여유롭다. "주는 사람(giver)과 받는 사람(taker) 중 누가 더 성공할까?"를 연구한 책을 살펴보면 주는 사람이 더 성공한다는 결론이다. 일반적으로는 '먼저 받고 다음에 주는(take and give)' 행동을 하는데 반해, 성공한 사람들은 '먼저 준 다음에 받는(give and take)' 행동을 한다는 것이다. 일부이지만 '주고 또 주는(give and give)' 사람도 있다. 가장 위대한 사람은 '주고 잊어버리는(give and forget)' 사람이라고 한다.

세 번째는 '배우자(Prepare it, 習止)'인데, 무엇이든 미리 공부하고 준비해야 한다는 의미다. 변화의 속도가 가히 광속(光速)이다 보니, 미리 준비하지 않으면 도태될 수밖에 없는 세상이다. 나이 먹었다고 봐주는 법도 없다. 디지털은 경로우대를 하지 않기 때문이다. 그렇다고 남 탓을 할 수도 없다. 키오스크(kiosk)를 조작하지 못하면 밥도 못 먹는 시대이지 않은가. 그러니 나쁜 짓만 빼고 무엇이든 배워두어야 한다. 꼭 돈을 버는 직업적인 것이 아니라도 취미생활이든 봉사활동이든 배워두면 써먹을 데가 생기게 마련이다. 논어의 첫 구절도 '학이시습지 불역열호(學而時習之, 不亦說乎)'로 시작하고 있다. 결국 무언가를 배우고 때맞추어 그것을 익힌다면 즐겁고 신나는 일이다.

팔조목 중에서 '몸을 움직이자, 마음을 쏟자'는 육체건강과 정신건강을 지키는 가장 중요한 원칙이다. 건강한 육체에 건강한 정신이 깃든다는 말도 있다. 몸과 마음은 따로 떨어져 있는 것이 아니라 하나로 연결되어 있기 때문이다. 몸을 많이 움직이고 마음을 편안하게 하면서 열정을 쏟는다면 건강장수의 첫 단추는 잘 끼워진 것이다. '변화에 적응하자'는 시대변화를 잘 읽고 변화에 앞서나가라는 뜻이다. 아날로그(analog) 시대에 태어났어도 디지털(digital) 기술을 잘 습득하고, 언제나 배움을 놓지 않는 자세가 필요하다. '절제하자'는 과욕을 버리고, 과식, 과음, 과속 등 정도를 넘는 것을 경계하자는 의미다. 과유불급(過猶不及)이라는 옛말도 있듯이 무엇이든 적절한 수준을 넘어서면 항상 문제가 생기게 마련이다.

'나이 탓하지 말자'는 나이 먹은 것을 벼슬로 여기지 말자는 뜻이다. 예전에는 '장유유서(長幼有序)'라고 하여 나이를 중심으로 하는 위계질서가 중요했다. 그러나 지금의 나이는 그저 껍데기에 불과할 뿐이다. 대접받으려 하지 말고, 대접하려는 마음가짐이 건강장수의 비결 중 하나이다. '디지털 전환의 시대(DX)'이니 젊은이에게도 배울 것은 배우는 지혜를 발휘해야 한다. '남 탓하지 말자'는 모든 것을 내 탓으로 돌리라는 뜻이다. 남 탓을 하다보면 나 스스로 해결방안을 찾지 않고 누군가 희생양을 찾아내서 내 책임을 회피하려는 행동을 하기 때문이다. 내 마음도 내 맘대로 안 되는 것이 세상의 이치인데, 남이 내 맘대로 움직이길 바라지는 말자. 남 탓이 아닌 내 탓으로 돌리면 일단 어떻게든 해결방안을 찾을 수 있다. '어울리자'는 가족이든, 친구든, 주변사람들과 잘 어울리면서 소통을 하며 살자는 뜻이다. 나이 들어 걸리는 '외로움이라는 질병'은 건강장수의 최대 적군이다. 그러니 새로운 친구도 만들고, 옛날 친구도 만나면서 잘 어울리는 시간을 즐기자.

건강 장수를 위해 '잘잘잘잘잘'을 생활화하자

나이를 먹어가면서 사람들의 큰 관심은 '건강'인 듯하다. 인생 설계 프로그램인 내비게이터십을 진행하면서 가장 소중한 것이 무엇이냐는 질문을 해봐도 대부분이 가족, 건강, 돈의 순서로 답변을 한다. 물질(돈)을 잃는 것은 가장 적게 잃는 것이요, 명예(신용)를 잃으면 더 많이 잃은 것이요, 건강을 잃으면 모든 것을 전부 잃는 것이라는 옛말도 있지 않은가. 건강한 백세인(百歲人)은 대체로 일이나 운동을 규칙적으로 하고, 음식과 술 담배를 절제하며, 꾸준하게 생활리듬을 유지한다는 점이다. 장수와 노화는 시간, 유전자, 생활습관에 의해 좌우된다. 여기서 나이가 들어가는 시간이나 부모로부터 받은 유전적인 요인은 자신이 어쩔 수 없는 것이지만, 생활습관은 본인이 만든 것이므로 이 생활습관을 잘 관리하는 것에 관심을 두어야 한다.

건강(health)의 사전적 개념은 '정신적으로나 육체적으로 아무 탈이 없고 튼튼함 또는 그런 상태'다. 건강하게 살다가 행복하게 죽는 것이 모든 사람의 희망사항이다. '9988234'라는 신조어도 아마 그래서 나온 것이리라. 건강하지 못하면 정신적 및 물질적인 면에서 고통을 받게 되고 정상적인 생활이 되지 않는다. 건강도 그냥 공짜로 주어지는 것은 아니다. 선천적으로 건강한 체질로 태어난 사람도 있지만 결국 건강은 스스로 지켜야 한다. 건강은 한번 잃으면 다시 회복하는데 상당한 시간이 걸리고 또 회복된다고 하더라도 예전의 좋았던 몸 상태로 돌아가기는 어렵다.

건강한 육체와 정신을 유지하기 위해서는 '잘잘잘잘잘'이 기본이다. 잘 먹고, 잘 싸고, 잘 움직이고, 잘 놀고, 잘 자면 된다. 몸에 좋은 식사를 하고, 좋은 물을 먹고, 좋은 공기를 마시는 것이 첫 번째 잘이다. 먹은 것이 위와 장에서 잘 소화시킨 다음 소변과 대변으로 배설하는 것이 두 번째 잘이다. 적당한 일과 운동을 하는 것이 세 번째 잘이다. 적절한 간격의 휴식을 취하고 재미있는 놀이를 즐기는 것이 네 번째 잘이다. 편안한 잠자리에서 하루를 행복하게 마무리하는 것이 다섯 번째 잘이다. 물론 앞에서 살펴본 다섯 가지 이외에 잘 웃는 것도 건강에는 아주 중요하다. 여기서 얘기하는 '잘'은 좋다거나 많다는 의미가 아닌 '적당한, 알맞은'이라는 뜻을 가지고 있는 수식어이다. 너무 과한 것은 없는 것만 못할 수 있고, 반대로 너무 부족하면 육체나 마음이 버티지 못하기 때문이다.

건강을 결정하는 요인은 나이, 유전, 환경, 습관, 의료 등 여러 가지인데 그중 현대인에게 가장 중요한 요소는 식생활습관이다. 서양 속담에 있는 'You are what you eat'은 무엇을 먹는가가 당신의 건강을 결정한다는 뜻이다. 우리 몸은 음식과 물 등 먹거리를 통해 성장하고 건강을 유지한다. 특히 건강하고 장수하는 사람들의 공통점은 '소식(小食)'을 한다. 칼로리를 제한해 먹는 절식이나 소식은 유전자를 건강하게 만들고 각종 질병에 걸릴 확률은 낮춰준다. 몸에 좋은 음식과 물을 먹고 소식을 하며 적당한 운동을 하면 자연스레 올바른 배설이 이루어진다. 해 뜨면 일하고 움직이며 해가 지면 잠을 자는 생활 리듬이 건강을 지킨다. 인간은 몇 만 년 동안이나 이러한 자연의 리듬에 맞춰 생활해왔다. 자연의 섭리에 거스르는 생활은 건강을 해치게 된다.

올바른 식사방법은 매 끼니를 거르지 않고 적은 양을 다양한 반찬과 함께 먹는 것이다. 귀찮다고 끼니를 거르는 것은 좋지 않으니, 약간 부족한 듯 먹고 단백질이 포함된 음식을 섭취해야 한다. 가능하면 염분의 양을 줄여야 하니, 국물 종류는 적게 먹고, 과일이나 간식도 많이 먹는 것은 피해야 한다. 건강을 위한 운동방법은 유산소 운동, 근육 운동, 균형 운동이 조화를 이루도록 해야 한다. 보통 1주일에 3일은 유산소운동, 2일은 근육운동, 1일은 균형운동을 하는 것이 바람직하다. 유산소 운동은 걷기, 수영, 자전거 등을 약간 숨이 차게 30분~1시간 정도가 적당한데, 준비운동과 마무리운동을 필수이다. 근력운동은 헬스장에서 너무 무겁지 않은 운동기구를 활용하거나 실내에서 맨손을 하는 방법이 있다. 균형운동은 낙상예방에 효과가 있다. 실내나 야외에서 보건체조나 국민체조를 하는 것도 한 가지 대안이다. 잘 자는 방법은 낮 시간에 야외활동을 통해서 몸을 많이 움직이고 햇빛을 충분히 쏘이는 것이 좋다. 기상시간을 먼저 정하고 6~8시간 전에 잠을 자는 것도 방법이다. 예를 들어 아침 5시에 일어나는 사람이라면 저녁 10시에는 잠자리에 드는 것이다. 그리고 침실은 잠만 자는 곳이니 TV나 스마트폰 동영상을 시청하는 것은 좋은 습관이 아니다. 소변 때문에 깨는 경우가 많으므로 저녁 이후에는 물이나 과일, 음료수를 마시지 않는 것이 좋다.

다행스럽게도 산골에서의 삶은 '잘잘잘잘잘'을 생활화 할 수 있는 좋은 조건을 갖추고 있다. 해 뜨면 일어나고 해 지면 잘 수 있는 자연 환경은 물론이고, 좋은 먹거리와 좋은 물, 좋은 공기가 존재한다. 적당히 움직일 수 있는 일거리와 산책코스가 있고, 가끔씩 찾아오는 좋은 친구도 있으니 건강관리에는 최적의 조건이 된다.

오늘도 잘 먹고, 잘 싸고, 잘 놀고, 잘 움직이고, 잘 자고 있는지 진단해보자. 그리고 잘 웃고 공부 잘하는 것도 부수적으로 챙겨보자.

치매라는 불청객을 어쩌 해야 하는가?

초고령사회로 접어들면서 대한민국도 오래 사는 것이 당연한 시대가 되었다. 몸이 건강하고, 쓸 돈도 있고, 하고 싶은 일도 있다면 장수가 축하할 일임에 틀림없다. 그런데 몸이 아파서 병원을 내 집처럼 들락거리고, 쓸 돈이 없어서 국가나 자식이 주는 용돈으로 겨우 입에 풀칠이나 하고, 일이 없어서 매일매일 시간을 때우는 것이 지겹다면 오래 사는 것이 자칫 저주로 변할 수 있다.

더구나 부부 중 한 사람이 중병에 걸리거나 치매를 앓게 되면 자칫 가정이 풍비박산 나기도 하고, 개인의 삶이 무너지기도 한다. 특히 치매는 치료약도 없고 집에서 돌보기도 힘든 고약한 질병임이 틀림없다. 친한 친구의 아내가 그놈의 치매가 일찍 찾아왔다. 남편에게 '아저씨 왜 우리 집에 있느냐'고 물어보기도 하고 '빨리 아저씨 집으로 가라'고 한다니 그야말로 친구 입장에서는 억장이 무너지는 일이다.

속상한 친구는 가끔 전화를 걸어 '왜 하필 나에게 이런 시련이 생겼는지 모르겠다.'는 푸념을 늘어놓는다. 친구도 차츰 자신이 지쳐가고 있다는 걸 느끼는지 저녁이면 혼자 '쏘맥'을 마시면서 술기운에 잠들기도 한다는 가슴 아픈 얘기를 한다. 내가 해줄 수 있는 것이 '그냥 참고 버텨보라'는 말밖에 없으니 답답하다. 어느 날 갑자기 찾아오는 치매라는 불청객을 쫓아내는 방법은 마땅치 않다. 예방이 최선이라고 하지만, 예방한다고 한들 어느 틈엔가 들어오는 치매를 막기는 어렵다. 그냥 주어진 상황을 있는 그대로 인정하는 지혜를 발휘해서 이겨나가는 수밖에 더 있겠는가.

치매의 사전적 정의는 "후천적으로 기억, 언어, 판단력 등 여러 영역의 인지 기능이 감소하여 일상생활을 제대로 수행하지 못하는 임상 증후군"을 의미한다. 치매에는 알츠하이머병이라 불리는 노인성 치매, 중풍 등으로 인해 생기는 혈관성 치매가 있으며 그 외에도 다양한 원인에 의해 발생할 수 있다. 알츠하이머병은 원인을 알 수 없는 신경퇴행성질환으로 두뇌의 수많은 신경세포가 서서히 쇠퇴하면서 뇌 조직이 소실되고 뇌가 위축되는 증상을 나타낸다. 혈관성 치매는 뇌 안에서 혈액순환이 잘 이루어지지 않아 서서히 신경세포가 죽거나, 갑자기 큰 혈관이 막히거나 뇌혈관이 터지면서 뇌혈관이 죽는 증상을 나타낸다. 치매는 기억력 감퇴뿐 아니라 언어능력, 시공간파악능력, 인격 등 다양한 정신능력에 장애가 발생함으로써 지적인 기능의 감퇴가 초래된다.

치매의 증상 및 종류는 다양하고 치료법도 없는 상태이니 미리미리 예방하는 게 중요하다는 말이 의사의 전형적인 처방이다. 일반적으로 권장되는 것은 두뇌회전을 많이 시킬 수 있는 놀이나 독서, 필사다. 우선 건전한 형태의 게임, 고스톱, 바둑, 카드놀이와 같은 종합적인 인지능력을 요구하는 놀이가 치매 예방에 도움이 된다. 책이나 성경 등을 필사하거나 일상적으로 메모하는 습관도 손과 머리를 쓰는 것이므로 권장된다. 다음으로 신문 또는 책을 읽거나 손으로 글씨를 써보는 것이 도움이 된다. 건강한 식습관을 가지고 생선과 야채를 즐겨 먹으면 좋다. 꾸준하게 걷는 운동 등 적절한 운동은 인지기능을 유지하는데 유용하다. 물론 지나친 음주와 흡연은 피해야 한다. 잠은 충분히 자야 하는데, 수면 부족은 만병의 근원이다.

이렇게 예방을 해도 슬며시 찾아오는 알츠하이머 치매의 초기증상은 다음과 같으니 증상이 심해지기 전에 체크해보는 것이 좋다. ① 최근에 있었던 일이 잘 기억나지 않는다 ② 말이 어둔해진다 ③ 약속 시간과 장소가 자주 헷갈린다 ④ 종종걸음이나 손 떨림 증상이 있다 ⑤ 분노, 불안 및 우울증 증상이 있다 ⑥ 대소변 실수를 한다 ⑦ 충동적인 행동을 하는 등 성격이 변한다 ⑧ 두려움이 앞선다 ⑨ 돈 계산이 잘 안된다. 위와 같은 증상이 생긴다면 전문가의 진단을 받아보는 게 우선이다.

인터넷에서 돌아다니는 치매와 멀어지는 26가지 방법 중 일상생활에서 활용할 수 있는 몇 가지라도 실천하자 ① 화내지 마라. 흥분할 때마다 수십만 개의 뇌세포가 파괴된다 ② 좋은 물을 많이 마셔라. 몸도 마음도 머리도 맑아진다. ③ 성격을 개조하라. 낙천적인 사람은 치매에 잘 걸리지 않는다. ④ 뇌에 영양을 주는 식품을 섭취하라. 호두, 잣, 토마토, 녹차, 두부, 청국장, 계란, 멸치가 좋다 ⑤ 치아가 손상되면 바로 고쳐라. 이가 없으면 치매도 빨리 온다 ⑥ 손으로 많이 쓰고 손을 비벼라. 화가나 지휘자는 치매가 없다. ⑦ 남을 미워 말라. 미움은 피에 독성물질을 만들어 낸다 ⑧ 잔소리하지 말라. 하는 이나 듣는 이나 다 같이 기가 소진된다 ⑨ 책이나 글을 많이 읽고 많이 웃어라. 소리 내어 읽으면 최고의 뇌운동이다 ⑩ 많이 움직여라. 몸도 마음도 활동이 멈추면 병들기 마련이다.

그럼에도 불구하고 단단하게 살아야 한다. 치매 때문에 힘들지만, 치매 덕분에 많은 시간을 함께 보낼 수 있지 않은가. 그러니 그냥 웃고 잘 버티며 살자.

내재역량경영을 통해 건강수명을 늘리자

인간이든 동물이든 움직이는 모든 생명체는 성장・노쇠・죽음이라는 과정을 거친다. 태어나는 것은 순서가 있지만, 죽는 것은 미리 정해진 순번이 없다. 어린 나이에 죽는 경우도 있고, 갑작스런 사고로 사망에 이르는 경우도 있다. 먹는 음식이 좋아지고, 의학이 발달하면서 사람들의 평균수명은 엄청 길어졌다. 대한민국의 경우 여성87.2세, 남성 81.32세, 평균 84.43세에 달해서 홍콩, 일본에 이어 세계 3위를 기록하고 있다. 이것은 평균은 낸 것이기 때문에 실제로는 90세를 넘어 생존하는 경우가 많고, 100세를 넘어 장수하는 사람도 있다.

문제는 건강수명이 이보다 훨씬 짧다는 데 있다. 건강수명이란 평균수명에서 질병 또는 장애를 가진 기간을 제외한 수명이며, 신체적으로나 정신적으로 특별한 이상 없이 생활하는 기간을 의미한다. 단순히 '얼마나 오래 살았는가'보다 '실제로 건강하게 산 기간이 어느 정도인지'를 나타내는 건강지표이다. 통계청에 따르면 건강수명은 2020년 기준, 평균 66.3세다. 즉, 노화로 인해 어쩔 수 없이 남자는 평균적으로 약 14년, 여자는 20년가량을 건강하지 못한 노년을 산다. 아픈 상태로 오래 살면 본인과 가족 모두에게 힘든 일이다. 사는 동안 건강한 신체를 유지하며 생활하는 것이 중요하다.

연구에 따르면 인간의 세포는 살면서 34세, 60세, 78세에서 급속히 노화하는 시기를 거친다고 한다. 대체로 해당 나이부터 중년, 노년이고 마지막은 남성의 평균수명보다 크게 차이 나지 않는 나이란 점에서 무척 흥미롭다. 그러니 30대 중반, 60대 초반, 70대 후반을 특히 조심해야 한다. 딱 그 나이만 조심해야 하는 것은 아니고, 평생 '내재역량경영'을 해야 한다. 내재역량은 세계보건기구(WHO)에서 제시한 개념으로 얼마나 건강하게 나이 들고 있는지를 나타내는 척도다. 내재역량은 신체적, 정신적, 사회적 기능요소 모두를 종합적으로 점수화한다. 질병 유무, 혈압, 운동시간 등 가시적인 건강지표뿐만 아니라 적절한 휴식, 마음 챙김, 인생의 목표와 자기효능감 등 눈에 보이지 않는 변수를 모두 고려하는 것이다. 삶의 요소를 다면적으로 관리해야 건강한 나이 듦이 가능하기 때문이다. 내재역량을 제대로 관리하지 못하면 생물학적 노화를 앞당기는 악순환, 즉 가속노화를 불러온다.

'가속노화'에 영향을 미치는 요인으로는 먹는 음식, 운동, 스트레스, 편리함 등 다양하다. 음식은 가장 큰 영향을 미치는 요인이다. 사람은 맛있는 것을 찾는다. 수렵과 채취로 연명하던 원시시절에는 당분(과일)과 알코올(과일이 자연발효된 것)이 얻기 힘든 고밀도 에너지원이었다. 이런 귀한 고밀도 에너지원을 좋아하는 유전자가 오랜 기간에 걸쳐서 자연 선택되어 지금까지 살아남았다. 원시시절에는 구하기 어려웠던 당분과 알콜, 정제곡물이 현대사회에서는 가장 구하기 쉽고 값이 싸다. 공장에서 대량생산한 가공식품은 운송과 보관이 쉬우며 언제든 먹을 수 있다. 더구나 음식점에 가지 않고, 스마트폰으로 집까지 배달해주는 편리한 세상이다. 패스트푸드 전성시대의 가공식품은 체내에서 혈당을 올리는 능력인 당부하(glycemic load)가 높아서 도파민(dopamine)과 엔도르핀(endorphine)을 잘 분비시킨다.

가공식품을 먹으면 즐겁고 편안해진다. 치열한 경쟁에서 살아남는 음식은 대부분 고과당 옥수수시럽이나 설탕, 정제곡물로 가공한 것이다. 잘 움직이지 않으면서 이러한 음식을 섭취한 결과 혈당은 근육이 흡수할 수 있는 범위를 넘어서고, 넘어선 모든 에너지는 뱃살로 간다. 혈당이 높아지면 췌장을 쥐어짜 인슐린이 쏟아져 나온다. 잠도 잘 오고, 졸다 깨면 당이 또 당긴다. 인슐린이 급히 혈당을 떨어뜨린 탓이다. 갑자기 떨어진 혈당은 스트레스호르몬인 노르에피네프린(norepinephrine)과 코르티솔(cortisol)을 분비시킨다. 음식이 당겨 어쩔 줄 모른다. 온 몸에 힘이 빠지면서 짜증이 난다. 그래서 달달한 간식을 또 찾는다. 이렇게 만들어진 뱃살과 지방간, 근내지방에 있는 지방세포는 여러 가지 나쁜 호르몬을 만들며 염증물질을 쏟아낸다.

특히 스트레스호르몬과 염증물질은 혈관을 손상시켜 혈압을 올리고 멀쩡한 근육단백질을 녹여 혈당을 높일 뿐만 아니라, 뇌로 가서 인지기능을 떨어뜨린다. 인지기능이 떨어지면 판단과 자제를 담당하는 전두엽의 또 다른 기능도 떨어진다. 자제력이 떨어지니 더 자극적인 것을 찾고 더 먹는다. 운동 생각이 날 수 없다. 운동을 하지 않으니 근육은 더 빠르게 녹고 배는 볼록해진다. 호르몬 이상도 더 과격해지고 염증물질 또한 더 늘며 판단력과 집중력은 더 떨어진다. 집중력이 떨어지니 낮은 집중력으로도 볼 수 있는 유튜브 동영상을 뒤적이는 일이 잦아진다. 그러다 쇼핑중독에 빠지거나, 유튜브 중독, 잘못된 투자라는 선택을 하기도 한다. 스트레스가 집중력과 판단력을 흐리게 해 업무효율과 자기 효능감을 떨어뜨리고 우울감을 심화하기도 한다. 결국 가속노화의 원동력이 되어 체내 노화시계의 태엽을 빨리 감아버린다.

아프니까 노년이다

청춘만 아픈 게 아니다. 중년도 아프고, 노년은 더 아프다. 청춘은 마음만 아프면 되지만, 노년은 마음뿐만 아니라 몸도 많이 아프다. 청춘은 그 이름만으로도 생기가 돌고 희망이 떠오르지만, 노년은 그 이름만으로도 풀이 죽고 절망이 떠오른다. 청춘만 외로운 줄 알지만, 노년은 더 춥고 외롭다. 청춘은 젊음이라는 싱싱함이 있지만, 노년은 늙어감이라는 사그라짐이 있다. 청춘은 세상을 향해 큰소리 칠 수 있지만, 노년은 세상이 '투명인간'으로 보려한다.

속칭 '꼰대'로 불리어지며 퇴물 취급을 받는 베이비부머는 특히 더 아프다. 한국전쟁의 폐허 속에서 태어나, 배곯으면서 초근목피(草根木皮)로 버티며 살아냈고, 배우지 못한 한을 자식 뒷바라지로 풀며, 한 평생을 가족을 위해 자기 한 몸 희생해왔다. 휴일이라는 것도 없었고, 휴가라는 것은 언감생심 생각하지도 못한 그런 세대였다. 누군들 멋진 노후를 준비하고 싶지 않았겠는가? 연로한 부모 부양해야지, 자식 공부시켜야지, 언제 자신을 돌볼 시간이 있었겠는가? 그래서 베이비부머는 부모를 부양해야 하는 마지막 세대인 동시에 자식한테 버림받는 첫 번째 세대라고 하지 않는가. 이제 나이 먹어서 근력이 떨어지고, 주된 일자리에서도 밀려났다는 이유로 세상은 베이비부머를 헌신짝 취급하려 한다.

대한민국은 제2차 대전 이후 세계에서 가장 빠른 경제성장을 이룬 신화를 갖고 있다. 국민소득 100달러 미만의 지지리도 못 살던 후진국에서 7~80년대의 경제성장을 통해 개발도상국으로 발돋움했으며, 이제 국민소득 3만 달러의 중진국 수준까지 올라섰다. 선진국 모임인 OECD에도 가입하고, G7이나 G10 회의에도 참석할 정도의 국력이 되었다. K-POP, K-드라마, K-영화 등 다양한 한류문화가 전 세계로 수출되고 있는 것도 자랑스러운 일이다. 이러한 경제성장과 문화발전의 기틀을 지금 퇴물 취급을 하는 베이비부머가 만들었다는 사실을 인정해야 한다. 그들의 노력과 열정, 그리고 희생이 없었다면 아직도 우리는 후진국 국가들과 비슷한 수준에 머물렀을 것이다.

베이비부머가 이제 대량으로 회사를 떠나는 나이가 되었다. 아직도 몸과 마음은 얼마든지 일할 수 있는데, 강제적으로 떠밀려서 퇴직을 해야 하는 현실이 안타깝다. 할 일이 없고, 갈 곳도 없고, 만나자는 사람도 없는 3무(三無)의 삶은 아픈 노년이다. 청춘만 아프다고 위로하지 말고, 노년은 더 아프다는 사실을 인정해야 한다. 노년 자살률이 세계 최고 수준이라는 것은 노년이 얼마나 아픈지 단적으로 보여준다. 이러한 노년 자살은 퇴직으로 인한 사회적 지위의 상실, 배우자의 사망, 건강악화, 만성질환, 신체적·정신적 장애, 사회적 고립, 재정적 어려움, 가족불화에 따른 절망감, 상실감, 무력감, 우울감을 느끼게 되어 발생한다. 노인인구가 점차 증가하고 사회적·경제적 어려움으로 노인자살이 더욱더 가속화되고 있다는 점에서 노인자살은 개인적 차원에서 다루어질 것이 아니라 국가적, 사회적 차원의 노력이 절실하게 필요하다.

말로는 국가와 사회가 노인을 배려하고, 노인을 부양할 책임이 있다고 하지만, 그게 어디 쉬운 일인가? 아일랜드의 시인 W.B 예이츠의 시 '비잔티움으로의 항해(Sailing to Byzantium)'의 첫 구절 'That is no country for old men'도 직역을 하면 그냥 '노인들을 위한 나라는 없다.'가 된다. 그 속뜻은 '세상이 많이 바뀌고 험악해지며 자신이 이해할 수 없게 변했거나 돌아가기 때문에 노인이 살아갈 만한 나라가 아니다.'가 되겠지만. 그러니 아프다고 세상이나 자식에게 불평만 하지 말고 스스로 자신의 몸과 마음을 보살펴서 아프지 않도록 스스로 치유해야 한다. 돈벌이든, 취미활동이든, 봉사활등이든, 무엇이든 움직일 수 있는 일거리를 스스로 찾아내면 할 일이 생긴다. 여행이든, 등산이든, 트레킹, 운동이든, 어디든 찾아내면 갈 곳이 생긴다. 가족이든, 친구든, 동호회든, 누군가를 찾아내면 만날 사람이 생긴다. 이렇게 할 일, 갈 곳, 만날 사람이 있는 노년은 조금 덜 아프다. 불평불만만 한다고 세상이 알아주지 않는다. 아픈 노년을 스스로 다독여보자.

나이 들수록 몸과 마음을 깨끗하게 하자

향 싼 종이 향내 나고, 생선 싼 종이 비린내 난다. 불교경전인 '법구경'에 나오는 말을 약간 변형한 것이다. 어느 드라마를 보면 손녀가 할아버지에게 '할아버지 냄새나서 싫어!'라는 대사도 들린다. 영화 '기생충'에서도 부잣집 사람들이 지하철을 타는 가난한 사람들에게서 냄새가 난다는 대사가 나온다. 주로 지하철을 타는 사람들은 환경에 익숙해져서 느끼지 못하는 것을 자가용만 타고 다니는 부잣집 사람들은 단번에 알아채는 것이다. 지하철이나 버스 등 대중교통에서 노인이 있으면 일부러 비켜서는 젊은이들도 있다. 심지어 1호선은 할 일 없는 노인들이 그냥 시간 때우는 용도로 무임승차를 많이 하기 때문인지 더욱 더 냄새나는 지하철로 인식되고 있다. 지하철에서 시간을 죽이는 노인들이 종로3가에서 내리거나, 온양온천까지 가거나, 아니면 그냥 하루 종일 냉난방이 되는 지하철에서 죽치거나.

할머니들은 그래도 화장품을 사용하기 때문에 그 향기에 가려져 조금 낫다. 문제는 할아버지들의 담배 냄새와 술 냄새, 그리고 노인 특유의 퀴퀴한 냄새는 젊은 사람들의 불쾌감을 유발한다는 데 있다. 사람이든 동물이든 세월이 가면서 몸과 마음에 조금씩 변화가 일어나게 된다. 몸에 일어나는 것 중에 하나가 일명 '노인 냄새'로 불리어진다. 이러한 노인 냄새는 '노넨알데하이드(nonenaldehyde)'라고 불리는 물질에 의해 발생되는데, 이는 피지 속 지방산이 산화되면서 나오는 것으로 모공에 쌓이면서 특유의 냄새가 난다. 주로 40대 이후 노화가 진행되면서 생성되고, 노년이 될수록 더 많아진다. 신진대사가 느려지기 때문일 것이다. 노인 냄새의 원인은 주로 땀샘의 피지와 연관이 있으므로 매일 샤워를 하고 청결을 유지하는 것이 좋다.

나이가 들면 몸뿐만 아니라 마음에서도 특유의 노인다움이 풍긴다. 속칭 '꼰대'라고 불리는 아집과 고집이 그것이다. 아주 일부이지만 지하철에서 앉는 자리를 두고 조금 더 늙은 노인과 조금 더 젊은 노인이 싸움을 하는 모습에서 여유와 배려가 사라진 추한 노인의 모습을 본다. 나이 들면서 욕심을 버리지 않으면 그 놈의 '노욕'이 자신뿐만 아니라, 이 사회와 국가도 망칠 수 있다. 늙은 정치인들의 끝없는 권력욕심이 어쩐지 추해보이는 것은 나만의 착각일까? 나이가 들어가면서 몸을 깨끗하게 씻는 것은 당연한 의무이고, 마음의 욕심을 깨끗하게 내려놓는 것도 중요하다. 죽을 때 아무 것도 가지고 가지 못하는데, 왜 그리도 재물 욕심이 많은지?

'깨끗한 속옷을 입어라'는 책은 경영컨설턴트가 '비범한 기업'들을 소개하면서 이들 기업의 성공 비결이 '깨끗한 속옷을 입는 것', 즉

'핵심까지 정직한 것'이라고 강조하고 있다. 비단 이러한 깨끗한 속옷은 기업만이 필요한 것이 아니다. 개인은 물론이고 사회, 단체, 국가 등 모든 구성원에게 '정직'이라는 청량제가 필요한 세상이다. 정직한 기업은 거짓 포장할 필요가 없기 때문에 생산적인 경영을 할 수 있다. 각종 뉴스에 단골로 등장하는 정치인들의 뇌물, 공직자들의 검은 돈은 깨끗한 속옷이 얼마나 중요한지 절실하게 보여준다.

특히 나이가 들어갈수록 깨끗한 속옷을 입어야 한다. 언제, 어디서, 어떤 사건이 발생할지 모르기 때문이다. 많은 사람들이 좋은 옷과 명품으로 외모를 치장하지만, 정작 속옷은 남에게 보이지 않으니 신경을 덜 쓴다. 사고가 나면 누군가가 내 속옷을 보게 된다. 노인 냄새의 대부분도 겉 옷 보다는 속옷에서 발생하게 된다. 깨끗하게 씻고 깨끗한 속옷을 입는 습관이 노인 냄새를 줄이는 방법이기도 하다. 더 나아가 마음의 욕심을 내려놓고 '안분지족(安分知足)'의 삶을 살아가는 노인이 되자. 오늘은 향기가 좋은 바디로션을 사야겠다.

일이 있어야 건강해지고 건강해야 일을 할 수 있다

장례와 관련해서 예전에는 매장이 당연한 수순이었지만, 요즘은 화장을 해서 납골당에 모시거나 또는 수목장이 대세가 되고 있다. 매장을 하는 경우 벌초를 하거나 성묘를 하러 조상님들 묘소를 찾게 되지만, 납골당이나 수목장은 언제든 방문할 수 있다는 장점도 있다. 중학교 동창이 제법 큰 공원묘원을 운영하고 있어서 가끔 그곳을 방문할 기회가 생긴다. 수십만 평에 조그마한 묘지가 다닥다닥 붙어 있는데, 이미 다 분양되어 앞산으로 더 넓히는 작업이 진행 중이었다.

살아온 사연이야 모두 다르겠지만, 망자들이 누워있는 공원묘원은 아무런 기척도 없이 조용하기만 하다. 이곳에서 친구는 굴삭기 기사도 되고, 작업 인부도 되고, 과수원지기도 된다. 스스로 작업반장이라고 하면서 힘든 일을 도맡아서 하다 보니 허름한 작업복에 털털한 미소가 일품이다. 왜 다른 사람에게 시키지 그러냐고 하면, 그 친구는 이렇게 일을 하니까 건강하고, 묘지 주인인 망자들과 이런저런 대화를 하는 것도 즐거워서 신나게 하니까 힘도 덜 든다고 한다. 그러면서 어떤 일이든 일을 하는 것이 건강을 지키는 최고의 방법이라는 얘기도 곁들인다.

일을 한다는 것은 움직인다는 것이고, 움직인다는 것은 건강하다는 증거이기도 하다. 또한 건강하니까 일도 할 수 있는 것이다. 반대로 일을 하니까 건강한 것도 사실이다. 힘든 일이건 어려운 일이건 일이 있다는 것은 육체건강과 정신건강을 유지하는 가장 좋은 방책이다. 사람이 살아가는 데는 어느 정도의 긴장감이 있어야 활력을 찾게 된다. 그냥 놀기만 하면 그 활력 자체가 사라진다. 적당한 긴장감에 대한 사례로는 청어수송에 관한 이야기가 전해진다. 런던 시민들은 신선한 청어를 좋아해서 북해에서 수족관에 넣어 장거리 수송을 했는데, 청어는 먼 여행에 기진맥진해서 거의 탈진 상태가 된다. 그런데 수족관에 커다란 숭어 한 마리를 넣어주면 숭어가 청어를 잡아먹으려고 쫓아다니면서 적절한 긴장감이 유지되고 결국은 싱싱한 상태로 런던에 도착한다는 것이다.

기타 줄도 적당한 조율로 알맞게 팽팽해야 제대로 소리가 난다. 너무 느슨해도 소리가 나지 않지만, 반대로 너무 세게 감는 경우 기타 줄 자체가 끊어지는 낭패를 보게 된다. 사람도 적당한 긴장 속에서 알맞은 움직임이 있어야 육체적, 정신적 균형을 찾게 된다. 아무 것도 하지 않고 놀기만 하는 경우 삶의 의욕까지 잃어버릴 수 있다. 그렇다고 너무 많은 일을 하게 되면, 심장이나 뇌의 순환기계에 무리를 주게 되고, 자칫 과로사를 당할 위험도 상존한다. 적당한 일과 적당한 휴식, 그리고 적당한 정도의 수면시간이 건강을 유지하는 기본이 된다. 그래서 노동법에서는 주40시간의 법정근로시간과 12주 최대 12시간까지만 연장근로가 가능하도록 최대근로시간을 제한하고 있는 것이다. 장시간 근로는 육체적, 정신적 긴장감이 과도해서 제대로 된 휴식을 취하지 않으면 심근경색, 뇌경색, 뇌출혈 등 순환기계통이 고장 나는 것이다.

갈 곳이 있고, 할 일이 있고, 만날 사람이 있다는 것이 바로 장수의 비결이다. 그러니 공원묘원 작업반장인 친구의 말대로 일이 있다는 것, 일을 할 수 있다는 것은 그 자체로 신나는 일이다. 반드시 돈 버는 직업으로서의 일뿐만 아니라, 봉사활동이든 친목활동이든 움직일 수 있는 일거리를 찾아내면 살아가는데 필요한 긴장감을 느낄 수 있다. 활동을 한다는 것은 건강하다는 것이고, 건강하면 다시 새로운 일을 찾을 수 있다. 돈이 필요해서 일을 하다보면, 일이 좋아지게 되고, 더 나아가 사회의 일원으로서의 소속감도 커지게 된다. 따라서 열심히 일하는 것이 또 하나의 건강을 지키는 방법이다.

나이 들어가면서 말, 식사, 화, 욕심, 차타기를 줄이자

나이 들어가면서 조금씩 줄여나가야 하는 5가지는 말, 식사, 화, 욕심, 차타기라고 한다. 말을 적게 하고, 소식을 습관화하고, 화를 내지 않으며, 욕심을 줄이고, 차를 타지 않고 걸으면 나이 먹어서도 욕먹지 않고, 건강을 챙기면서 살아갈 수 있기 때문이다. 그러나 나이 들어가면서 노욕이 발동하여 말이 많아지고, 과식을 하고, 괜히 화를 내고, 무엇이든 욕심을 내고, 짧은 거리도 차를 타고 이동한다면 좋지 않은 평판을 듣거나, 건강에 좋지 않는 결과가 발생할 수 있다.

첫 번째, 말을 줄여야 한다. 말을 줄이는 것과 함께 목소리도 줄여야 한다. 말을 적게 해야 하는 이유는 말을 많이 하면 그만큼 책임져야 할 일도 많이 생기고, 자기가 한 말이 부메랑으로 돌아와 자신에게 불리한 상황이 생길 수 있기 때문이다. '말로서 말 많으니 말 말을까 하노라'는 옛말이 의미하는 것은 말실수를 줄이라는 뜻이다. 무조건 입 닫고 말을 하지 말라는 것이 아니라 필요한 말과 좋은 말은 하되, 불필요한 말과 하지 말아야 하는 말은 하지 말라는 것이다. 일단 잘 들어주고 말을 독점하려 하지 말아야 한다. 혼자 말을 독점하는 사람은 대화할 줄 모르는 사람이고, 다른 사람을 배려할 줄 모르는 사람이다. 말을 독점하면 친구가 사라진다. 그렇다고 대화를 아예 단절하는 것은 좋지 않다. 쓸데없는 말을 줄이라는 것이지 대화가 필요한 사람과는 당연히 자연스럽게 대화를 해야 한다.

두 번째, 식사량을 줄여야 한다. 나이 들면 소화기능이 떨어지기 때문이다. 오히려 소식을 하면 뇌세포의 활동이 활발해질 뿐 아니라, 체중이 줄어들면서, 허리와 무릎에서 느끼는 부담이 적어지고, 목과 어깨도 가벼워진다. 또한 몸에서 독소가 빠져나와 혈액순환도 좋아진다. 붓기가 빠져서 얼굴 라인도 살아나고, 고민했던 뱃살도 들어가서 몸매도 젊은 시절로 되돌아갈 수 있다. 인류 역사 내내 배불리 먹는 것이 숙원이었지만, 이제는 영양 과잉 상태에서 벗어나야 한다. 그래야 사는 동안 몸이 가벼워지고 건강하게 살 수 있다. 소식을 하는 습관과 생활 습관을 바로잡는 것이 중요하다. 식사량과 함께 주량도 줄여나가야 한다. 노인이 술에 취해 주정을 하거나 비틀거리는 모습은 아주 보기 싫다. 자칫 추한 꼴을 볼 수도 있다.

세 번째, 화를 줄여야 한다. 분노는 단순히 성질이 나는 상태가 아니라, 복잡한 감정들에 뒤섞인 상태이다. 미워하는 마음, 좋아하는 마음, 싫어하는 마음, 미안한 마음, 당황스러움, 자신에 대한 방어 심리, 불안함, 피곤함 등이 함께 뒤섞여 표출되는 경우가 많다. 감정이라는 것이 사람과의 관계에서 생기는 것이고, 사람에 대한 감정은 다층 구조로 복잡하다. 자기 스스로도 자신의 감정을 모를 때가 더 많다. 자기 스스로도 잘 모르는 감정에 대해서 즉각적으로 반응하지 않는 것이 현명한 사람이 되는 길이다. 이걸 못하면 화낼 상황도 아니고 화낼 분위기도 아닌데 그냥 화를 내버리게 된다. 결국 자기 혼자만 바보가 되는 것이다. 공자는 화가 날 때는 그것으로 인해 닥칠 수 있는 어려움을 먼저 생각해야 한다고 말한다. 화를 내서 해결되는 일이 있으면 좋지만 세상일은 그렇지가 않다. 화를 내서 내 뜻대로 되는 일이 있다면 좋겠지만, 안타깝게도 일이 해결되기는커녕 꼬이기 일쑤다. 화내면 분위기가 그냥 싸해지고, 인간관계는 틀어지고, 마음은 흥분되어 있고, 혈압은 올라가고, 조금 지나면 화냈던 자신이 민망해지고 미워진다. 화내서 벌어진 일에 대한 수습과 책임만 자신에게 남아 있다. 사과도 해야 하고, 해명도 해야 하고, 자책도 해야 하고, 일은 여전히 그대로 남아있다.

네 번째, 욕심을 줄여야 한다. 욕심은 만병의 근원이다. 욕심을 다스리지 못하면 화를 불러온다는 옛 성년들의 말씀이 차고 넘치지만, 우리는 가진 것에 만족하지 못하고 남과 비교해가며 더 가지려고 한다. 운동 더 할 욕심에 몸이 망가지고, 돈을 더 벌 욕심에 사람과 돈을 잃는다. 탐욕이 커져만 가니 사기꾼들의 달콤한 말에도 잘 넘어가고, 때로는 그것이 사기인 줄 알면서도 눈감아주고 자신의 이익만 생각하다가 더 큰 화를 입기도 한다. 춘추시대 초나라의 철학자 노자는 '지족불욕 지지불태 가이장구(知足不辱 知止不殆 可以長久)'라고 했다. 스스로 만족함을 알면 욕되지 않고, 분에 맞게 머물 줄 알면 위태롭지 않아, 언제까지나 편안할 수 있다.

다섯 번째, 차량 이동을 줄여야 한다. 대신 걸어 다니는 게 좋다. 걷기 운동의 놀라운 효능은 말할 수 없이 많다고 한다. 하루 30분 이상 걷기 운동을 하면 혈액순환 증가, 우울증 완화 및 뇌기능 활성화, 불면증 완화, 심혈관 질환 예방, 호흡기 기능 증진, 스트레스 완화, 면역 기능 증진, 허리와 다리 근력 증대, 골다공증 예방, 체내 노폐물 배출 등 만병통치약을 복용한 것과 다름없다. 세계보건기구(WHO)에서는 땀이 흐를 정도의 중강도 운동을 매주 최소한 150분 정도를 해야 한다고 권고했다. 특히 중장년기에 들어서면 균형 감각에 초점을 맞춘 운동과 함께 낙상 사고 예방을 위해 일주일에 이틀 이상은 근력 운동도 같이 하는 것이 도움이 된다고 말한다. 균형 감각 운동은 대표적인 것이 한 발로 오래 서있기 같은 운동 등 대부분 요가를 할 때 나오는 자세라고 볼 수 있다. 이런 자세들은 다리를 바꿔가면서 1분씩 해 본다. 살면서 조심하고 줄여야 하는 것들이 많지만, 최소한 위의 5가지만이라도 실천하는 생활을 하면 몸과 마음 둘 다 건강하게 유지할 수 있다.

장수를 위한 7가지 행동을 실천해보자

뉴욕타임즈 신문에 장수를 위한 7가지 행동이 실려서 소개해 본다. "더 많이 움직여라, 좀 더 과일과 채소를 많이 먹어라, 충분한 잠을 자라, 담배와 술은 너무 많이 하지마라, 만성질환을 관리하라, 관계의 우선순위를 정하라, 긍정적인 마음을 가꾸어라"가 그것이다. 어찌 보면 아주 쉬운 것으로 보이지만, 막상 해보면 그렇게 쉽지 않다는 것도 느낄 수 있다. 많이 움직이고, 좋은 식품을 먹고, 잘 자고, 질병을 예방하고, 사람관계의 스트레스를 받지 말고, 긍정적으로 살아가라는 교훈이기도 하다. 신문기사를 중심으로 건강하게 장수하는 비결을 정리해보자. 그리고 여기의 7가지는 무조건 실천하자.

첫째, 더 많이 움직여라. 전문가들이 추천하는 첫 번째 비결은 몸을 활동적으로 유지 하는 것이다. 그 이유는 운동이 조기의 사망 위험을 줄여준다는 연구결과가 계속 나왔기 때문이다. 활발한 움직임은 심장과 순환기계를 건강하게 유지하고 몸과 마음에 영향을 미치는 수많은 만성 질환으로부터 우리를 보호를 해준다. 또한 근력을 강화시켜 노인들에게 치명적인 낙상위험을 줄일 수 있다. 최고의 운동은 스스로 즐기고 지속할 수 있으며 자신이 좋아하는 그런 종류의 운동이다. 이러한 운동에 그렇게 많은 시간과 노력이 들어가지 않는다. 미국심장학회가 권고하는 것은 주일에 150분정도의 약간 숨이 차는 운동을 추천한다. 하루에 20분정도 보다 좀 더 걷는 것이 유익하다는 것을 의미한다.

둘째, 과일과 채소를 좀 더 많이 먹어라. 전문가들은 다른 어떤 식단을 넘어서는 특별한 식단을 추천하지 않았고 절제해서 먹을 것을 권고한다. 그리고 더 많은 과일과 채소를 섭취하고 가공식품을 적게 섭취하는 것을 목표로 삼으라고 충고한다. 일부 전문가들은 건강한 체중을 유지하는 것이 장수에 중요하다고 말한다.

셋째, 충분한 잠을 자라. 잠은 때때로 간과되어지나 잠은 건강한 나이를 먹는데 중요한 역할을 한다. 연구에 따르면 사람이 밤의 평균 수면의 총량이 어떤 경우에서든 사망의 위험과 관련이 있다는 것을 발견했다. 잠은 뇌 건강에 특히 중요한 것으로 나타났다. 2021년 한 연구에 의하면 하루에 5시간 보다 적게 자는 사람은 치매위험이 두 배 높다고 한다. 7시간에서 9시간 자는 것을 권고하고 있다. 나이가 들수록 잠이 적어지거나 새벽에 일찍 일어나게 되는데, 거꾸로 나이가 들수록 잠을 더 자는 것이 좋다고 한다.

넷째, 담배와 술은 너무 많이 하지마라. 당연한 말이지만 담배를 피우면 모든 종류의 질병에 걸릴 위험이 높아진다. 또한 과도한 음주가 얼마나 나쁜지 이해해야 한다. 하루에 여성의 경우 한잔, 남자의 경우 두 잔 이상 그보다 더 적게 마시더라도 심장질환, 그리고 심장이 가늘게 뛰는 질환, 그리고 간 질환, 그리고 7가지 유형의 암에 걸릴 위험이 높아집니다.

다섯째, 만성질환을 관리하라. 미국 성인의 절반이 고혈압을 앓고 있으며, 40%가 고 콜레스테롤을 앓고 있고, 1/3이상이 당뇨병 전증을 보이고 있다. 위에서 언급한 모든 건강한 행동은 이러한 상태를 관리하고 더 심각한 질병으로 발전하는 것을 예방하는데 도움이 되지만 때로는 생활방식의 개선만으로는 충분하지 않다. 그렇기 때문에 전문가들은 상황을 통제하기 위해 의사의 조언을 따르는 것이 중요하다고 말한다.

여섯째, 관계의 우선순위를 정하라. 심리적 건강이 육체적 건강보다 종종 소홀하게 생각하는 경우가 있지만 고독과 외로움은 흡연만큼이나 건강에 해를 끼친다. 그리고 치매, 심장병, 뇌졸중 위험이 더 높게 나타난다. 관계를 맺는다는 것은 건강하게 살아가는 것뿐만 아니라 더 행복하게 사는 데 중요한 요인이다. 하버드 성인 발달 연구에 따르면 밀접한 관계는 행복의 가장 큰 예측 인자라고 한다.

일곱째, 긍정적인 마음을 가꾸어라. 심지어 긍정적으로 생각하는 것만으로도 더 오래 살도록 도울 수 있다. 여러 연구에 따르면 낙관주의는 심장병 발병 위험을 낮추는 것과 관련이 있으며 낙관주의 테스트에서 높은 점수를 받은 사람들은 비관적인 사람들보다 5~15% 더 오래 산다는 사실이 밝혀졌다. 낙천주의자는 더 건강한 습관을 갖고 일부 만성질환의 발병률이 낮은 경향이 있기 때문일 수 있지만 이러한 요인을 고려하더라도 긍정적으로 사는 사람들이 여전히 더 오래 산다는 사실이 밝혀졌다.

일과 자아 발견

직업 활동과 개인 역량 개발의
새로운 시작

평생현역으로 살아가는 방법을 배우자

주된 직장에서 퇴직하거나, 하던 일을 그만두고 나면 길어진 인생을 어떻게 보낼 것인지 고민하게 된다. 인간은 사회적 동물이다. 따라서 무엇이든 '할 일'이 있고, 어디든 '갈 곳'이 있으며, 누구든 '함께 하는 사람'이 있어야 살아있음을 느낀다. 그런데 은퇴를 하고 나면 내가 할 일이 없고, 내가 갈 곳이 없고, 내가 함께 어울릴 사람이 없다는 현실에 부딪친다. 일본에서는 집에서 나가지 않는 은둔형 외톨이 '히키코모리(ひきこもり)'가 있다. 버블경제가 붕괴되고 장기적인 경제 불황이 시작된 1990년대부터 사회적 문제로 나타났다. 이들은 사회생활에 잘 적응하지 못해 방이나 집의 특정 공간에서 벗어나지 않거나 밖에 나가지 않는다. 일본 후생성에서는 6개월 이상 다음과 같은 증상을 보이는 사람들을 히키코모리로 분류하고 있다. 첫째, 가족들을 포함해 누구와도 대화하지 않는다. 둘째, 낮에 잠을 자고, 저녁

에 일어나 텔레비전을 보거나 컴퓨터에 몰두한다. 셋째, 자기혐오, 상실감 등 우울증의 증세를 보인다. 넷째, 자주 신경질을 내고 심하면 폭력을 행사하는 증상을 나타낸다.

한국에서 은둔형 외톨이(폐쇄은둔족, 방에 콕 박혀 산다고 해서 '방콕족'이라는 속어로 표현하기도 함)는 '청년'이 약 50만 명으로 추산되고, '중년'은 그보다 적은 약 14만 명으로 추산된다. 대강 추산한 수치이며 정확한 통계는 아직 발표된 것조차 없다. 이것도 청년과 장년에 대한 수치일 뿐, 은퇴 이후 '노년 외톨이'는 얼마나 되는지 알 수가 없다. 제1차 베이비부머(baby boomer)가 본격적으로 은퇴를 시작했기 때문에 노년 외톨이는 점점 더 늘어날 것으로 예상하지만, 국가나 사회에서 해줄 수 있는 것도 별로 없는 실정이다. 그렇다면 개인 스스로 은퇴 후 어떻게 해야 노년 외톨이가 되지 않을지 미리 준비해야 한다. 그에 대한 해답은 '평생현역(平生現役)'으로 살아가는 방법이다. 평생현역이라고 해서 꼭 돈 버는 일을 해야 한다는 의미는 아니다. 취미생활이든 봉사활동이든 움직일 수 있는 무언가 활동을 해야 한다는 뜻이다.

그렇다면 왜 평생현역으로 살아갈 준비를 해야 할까? 할 일이 있고, 갈 곳이 있고, 함께 할 사람이 있어야 인간다운 생활이 가능하기 때문이다. 분명 살아있음에도 가족이나 사회로부터 없는 사람처럼 취급되는 '투명인간(透明人間)'이 되지 않는 방법을 찾아내야 한다. 학교를 졸업하고 취업을 하는 나이는 보통 25~30세 정도이며, 그로부터 약 30~35년 정도 일하고 정년퇴직을 한다. 법정근로시간인 1일 8시간, 1주 40시간을 근무 경우 1년에 약 2천 시간 정도 된다. 이를 30~35년으로 곱하면 약 6만~7만 시간 정도 일한다는 결과가 나온다. 그런데 퇴직 후 약 3~40년을 더 살아야하는 현실은 젊은 시절 일한 시간보다 더 많은 시간이 아직도 남아있다는 것이다. 적어도 6만~8만 시간을 어떻게 살아갈 것인지 준비하지 않으면 비참한 노년 외톨이로 지낼 수 있다. 평생현역이 되는 방법 중 하나는 자신을 스스로 경영하는 1인 지식기업가가 되거나, 1인 자영업을 하거나, 1인 농림어업인이 되는 것이다.

'평생현역으로 살아가는 법'이라는 책에서는 '1인 지식기업가'로 남에게 고용되지 않고 스스로 자신을 고용해서 살아가는 사람들을 소개하고 있는데, 이 책의 저자는 전문가의 시각으로 이들에게서 네 가지 공통점이 있다고 한다.

첫째, 이들은 모두 자신이 좋아하는 일을 하고 있다. 좋아하지 않는 일을 하면서 걷기에 1인 지식기업가의 길을 무척이나 험난하다는 것이다. 때문에 좋아하는 일을 잘하는 수준까지 끌어올리기 위해서는 반드시 조직의 문을 나오기 전에 가능하면 자신의 '인생설계도'를 만드는 것이 바람직하다.

둘째, 로드맵을 사전에 기획했다. 일단 속 시원하고 후련하게 사표부터 던지고 시작하면 얼마나 좋을까? 하지만 사표부터 던지려면 조직의 문을 나서는 시기가 가능한 빠르거나, 부양가족이 없거나, 있다면 맞벌이거나 혹은 3년 이상의 최소생존경비를 비축하고 있을 경우에만 가능한 일이라고 강조한다. 시작이 반이라고, 역시나 로드맵을 지니고 시작한 경우와 그렇지 않은 경우에 있어서 안정권에 들어서기까지의 시간차가 분명히 존재한다.

셋째, 실행, 오직 실행했다. 저자는 한 분야에 1만 시간을 투자해야 필살기를 갖추는 경지에 오를 수 있다고 강조한다. 그러나 1만 시간, 10년의 법칙은 개인에 따라 5년, 때로는 20년이 될 수 있다고 설명한다. 개인별로 얼마나 몰두하고 집중하느냐에 따라 1만 시간이 소요되는 기간은 충분히 단축될 수도, 오히려 길어질 수도 있다는 것이다.

넷째, 멘토(mentor)는 반드시 필요했다. 멘토의 존재 여부는 실행 로드맵의 사전 기획과 마찬가지로 안정권에 들어서는 시간에 큰 차이가 나는 결정적인 포인트(point)다. 멘토가 꼭 거창하거나 위대한 인물일 필요는 없다. 내가 가려는 분야의 롤모델(role model)이 되어주면 충분하다. 만약 그조차도 없는 블루오션(blue ocean)을 개척하는 경우 최소한 함께 하는 동료라도 있다면 시간을 절약할 수 있다.

1인 지식기업가의 길이 좋기는 하지만, 적성에 맞지 않는 사람도 있고, 공부가 체질이 아닌 사람도 있다. 이럴 경우에는 '1인 농림어업인'으로서 시골살이가 좋은 기회가 될 수 있다. 시골에 살면서 스스로 텃밭 농사를 짓는다면 '할 일'이 생긴 것이고, 뒷동산이나 시골길을 걸으면 '갈 곳'이 생긴 것이고, 이웃과 음식을 나누어 먹거나 품앗이를 한다면 '함께 하는 사람'이 생긴 것이기 때문이다. 번잡한 도시를 떠나 자연을 벗 삼아 시골생활을 한다면 건강이라는 '친구'도 찾아온다. 마음을 비우고 주변의 나무와 이름 모를 꽃을 감상하다보면 나만의 소중한 '시간'도 찾아온다.

시골살이는 나만의 진정한 삶의 시작일 수도 있다. 남의 시선을 의식하지 않고, 나 자신과 오롯이 소통할 수 있다는 것은 인생에서의 큰 행복이다. '할 일'이 있고, '갈 곳'이 있으며, '함께 하는 사람'이 있는 시골살이는 평생현역이 가능한 선택이다.

명예퇴직이나 희망퇴직, 함부로 하지 말자

왜 일하는가? 교세라를 세계 초일류 기업으로 키운 이나모리 가즈오가 쓴 책 제목이다. 이 책에서는 '세상에 태어나 한 번뿐인 삶인데, 정말 가치 있게 살아왔는가?'라고 묻고 있다. 지금 하고 있는 일을 누구보다 열심히 하는 것이야말로 모든 고통을 이겨내는 만병통치약이며, 고난을 이겨내고 인생을 새롭게 바꾸어주는 마이더스(midas)의 손이라고 한다. 일은 스스로를 단련하고, 마음을 갈고 닦으며, 삶의 가치를 발견하기 위한 가장 중요한 행위라는 말도 한다.

과연 그럴까? 노동을 나타내는 영어 'labor'는 땀을 흘리고 힘들다는 어원에서 시작된 것이며, 일은 책임을 수반한 의무를 이행하는 것이므로 빨리 덜어내야 하는 짐이기도 하다. 따라서 노동운동의 역사는 노동시간 단축을 위한 투쟁의 역사라고 한다. 아마도 대부분의 근로자가 다른 사람의 지휘감독을 받으며 비자주적인 노동을 하면서 먹고살기 때문이리라. 일을 자신이 계획하고 자신이 자발적으로 하면서 또 그 일이 자신을 위한 일이라면 신나고 재밌을 것이지만, 기업이나 다른 사람에 예속되어 시키는 일만 하다보면 자칫 자신이 '돈 버는 기계'로 전락한 게 아닌가 하는 자괴감이 들기도 한다.

근로자들은 자신이 속한 회사에서 해고당하지 않기 위해서 자신의 모든 것을 회사에 바치는 '회사인간(會社人間)'이 되는 것을 기꺼이 선택한다. 그런데 과연 정년을 잘 마치는 사람은 얼마나 될까? 공무원을 제외하면 10% 미만이다. 일반 기업에서의 실제 퇴직하는 나이는 보통 48세~53세이다. 오죽하면 삼팔선(38세가 되면 그만둘지 계속 다닐지 선택), 사오정(45세가 정년), 오륙도(56세까지 다니면 도둑), 육이오(62세까지 다니면 오적)라는 가슴 아픈 신조어가 만들어지겠는가. 최근에는 금융권을 중심으로 30대 후반이 명예퇴직을 신청하면 수억 원(5억~11억 원)의 명예퇴직금을 지급하는 사례도 퇴직연령이 낮아진 것을 입증한다.

주된 직장에서 퇴직하고 새로운 직장을 구하는 것도 어려워서 많은 사람들이 통닭집, 편의점, 커피숍, 식당 등 자영업에 뛰어들지만, 이것도 이미 레드오션(red ocean) 시장으로 변해서 돈벌이가 쉽지 않은 게 현실이다. 새로운 직장을 구한다고 하더라도 급여나 복지수준이 낮아지는 것을 감수해야 한다. 그러니 준비되지 않은 사람은 기존의 직장에서 명예퇴직이나 희망퇴직을 신청하지 말고, 정년까지 잘 버티면서 살아남아야 한다. 그리고 일에 대한 기존의 통념을 스스로 바꾸어야 한다. 단순히 의무를 이행하는 것이라거나 시키는 것만 한다는 생각으로 정년까지 버티기는 어렵다. 지금 주어진 일을 천직(天職)으로 생각하고 스스로를 갈고 닦는 과정으로 전환해야 한다. 노후를 잘 보내고 싶다면 지금 하는 일을 더 잘 해야 한다. 하루하루 자신의 일에 최선을 다하다보면 회사에서 인정받고, 성과도 향상된다.

그럼에도 불가피하게 정년보다 일찍 회사를 퇴직했다면, 어떤 일이든 충분하게 공부하고 덤벼들어야 실패가 줄어든다. 손자병법에 '지피지기 백전불태(知彼知己 百戰不殆)'라는 말이 있다. 자신과 상대방의 상황에 대하여 잘 알고 있으면 백번 싸워도 위태로울 것이 없다는 뜻이다. 그런데 회사생활만 해온 회사인간이 자영업, 사업, 투자를 한다는 것은 새로운 세상에 발을 딛는 것이다. 그 세상은 반드시 수업료를 내야만 하는데, 만약 수업료가 아까워 그냥 들어가면, 철저하게 망하는 것으로 대가를 치르게 된다. 시간과 수업료를 내면 회사인간에서 자영업자, 사업가, 투자가가 될 수 있다. 그 시간과 수업료를 기꺼이 지불하는 것이 새로운 세상에서 살아남는 방법이다.

함부로 명예퇴직이나 희망퇴직을 신청하지 말고, 충분히 준비한 후에 해도 늦지 않는다.

지금부터 공부해서 남 주는 삶을 살자

공부해서 남 주랴?는 말이 있다. 공부를 열심히 하면, 좋은 학벌을 얻어 출세할 수 있다는 뜻이 담겨있다. 과거 공부는 계층 이동의 사다리 역할을 했다. '개천에서 용 난다'는 말과 같이 열심히 공부하면, 자신이 하고 싶은 일을 하는 시대가 있었다. 하지만 세상이 바뀌었고, '개천에서 시궁창 냄새만 난다' 자조적인 말이 나타났다. 오히려 공부라는 제도는 낙오자를 양산하는 게임으로 변질됐다. 1% 소수만이 승자독식(勝者獨食)의 수혜자가 되고, 나머지 99%는 상대적으로 소외된다. 그럼에도 우리는 배우고 또 배워야 한다. 일반적인 학교 공부뿐만 아니라 기술, 예술, 문화 등 학습을 통해서 자신의 실력을 쌓고, 이를 바탕으로 다른 사람을 도와줄 수 있어야 함께 성장할 수 있다. 이제 '공부해서 남 주자'라는 말로 바꾸면 어떨까?

물론 공부는 나를 위한 것이다. 공부를 하는 과정은 남의 머리가 아닌 자신의 머릿속을 채우는 과정이므로 자기에게 이득이 된다. 또한 나를 위한 공부를 하면 마음의 힘이 생겨 버티는 힘이 강해진다. 사람을 이해하고 좋아하는 마음이 커져 인간관계가 더 좋아진다. 자신을 위한 공부를 하다보면 결국엔 남을 위하는 상황이 되기도 한다. 태양처럼 빛나야 뭇 생명을 살리고, 꽃처럼 향기가 나야 남에게 좋은 기운을 준다. 그런데 이러한 공부는 그냥 얻어지는 공짜가 아니다. 열정을 다해 찾아내고, 최선을 다해 집중해야 얻을 수 있는 귀한 행동이다. 또한 공부만을 위한 공부, 자신만을 위한 공부가 아니라 다른 사람을 위한 공부, 세상을 조금 더 아름답게 만들기 위한 공부가 더 재미있고 신나는 일이다.

공부하기 싫어하는 아이들에게 많은 부모들이 '공부해서 남 주니?'라고 반문한다. 심지어는 힘든 노동을 하는 사람을 가리키면서 '너도 공부 안하면 저 사람처럼 된다.'는 얘기로 공부를 강요한다. 공부를 열심히 하면 좋은 대학에 가고 그러면 취직이 잘 되고 결국 잘 산다는 취지를 덧붙인다. 나를 위한 공부를 남을 위한 지식과 지혜로 바꾸는 건 어떤가. '공부해서 남 주자.'로 바꾸고, 어떤 공부든 열심히 해서 나와 이웃, 사회에 돌려준다면 세상은 좀 더 나아질 것이다. 자연스레 자신이 '쓸모 있는 사람'이라는 생각이 들게 된다.

더 나아가 '다양성'과 차이를 인정하는 문화가 확산되면 다방면에서 자기를 존중하는 마음이 커질 것이다. 예를 들어 학교에서는 수학이나 영어를 잘 하지 못 해도 상관없다. 다른 분야에서 인정받는 분위기가 만들어지면, 그 방면의 전문가가 될 수 있다. 물론 공부도 잘하고 다른 것도 잘 하면 더욱 좋겠지만, 사람마다 자신이 잘하는 주특

기가 있게 마련이다. 그렇다면 부모들은 공부 말고도 자기 자녀가 잘 하는 것이 무엇인지 관찰하고 더 잘 할 수 있도록 격려하는 것이 중요하다. 앞으로는 남들이 잘 하지 못하는 특정 기술을 가져야 경쟁력이 있는 세상이다. 그리고 좋은 마음가짐을 통해서 그 기술이 남에게 도움이 되면 더욱 더 노력할 것이다. 이제 '공부해서 남 주자.'는 말이 자주 나와야 할 것이다. 그러다 보면 나에게도 좋은 일이 생길 것이다. 이 세상은 주는 것이 있으면 받는 것도 있다는 'give and take' 원칙이 존재하기 때문이다. 그것이 설령 나에게 오지 않더라도 누군가에게는 도움이 될 것이기에 손해 보는 게임은 아니다.

공부는 젊은이만을 위해 필요한 것은 아니다. 오히려 공부는 노년을 위한 최고의 선물이 될 수 있다. 끊임없이 뭔가를 배우고 학습하는 과정은 인생에 있어 아주 좋은 양식이 되기 때문이다. 단순히 지식이나 정보를 습득하는 것을 넘어 끊임없이 뭔가를 배우려고 노력하는 그런 의지 자체가 살아있음을 느끼게 하고 의미 있는 삶이라는 자각을 갖게 한다. 공부를 중단하면 마음이 더 빨리 늙어가지만, 공부를 계속하면 마음이 더 젊어진다. 이제부터 공부해서 남 주자.

조건 없는 '배움'이 아름다운 노후를 보장한다

나이 들어가면서 누구나 '외로움'을 느낀다. 매일 출근하던 직장을 이미 퇴직해서 동료나 상사, 부하라는 관계가 사라지고, 품안에 자식이라고 아이들도 모두 성장해서 독립했으니 내 옆에 없다. 친구들도 세월의 길이만큼 각자 자기 삶을 사느라 자주 만날 수 없다. 다행히 배우자라도 옆에 있으면 참으로 고맙다. 결국 나에게 남는 건 나 자신 뿐이다. 그러니 나 자신과 잘 놀지 않으면 진짜 외로울 수밖에 없다. 젊을 때는 혼자 노는 것을 배울 필요가 없었다. 직장이 있고, 자식이 있고, 친구가 있고, 배우자가 있었기 때문이다. 그럼 내 옆에는 누가 있는가? 아마 반려견이나 반려묘가 그 자리를 차지하고 있을 수도 있다. 이들도 없다면 혼자 덩그러니 외로움을 곱씹고 있을 것이다.

그럴 때 조건 없는 배움이 좋은 대안이다. 학교 다닐 때는 그놈의 점수를 올리려고 밤새워서 공부한 추억도 있다. 입학시험을 위해서, 입사를 위해서, 승진을 위해서, 자격증을 따기 위해서 밤새우고, 책을 달달 외우는 벼락치기도 해봤다. 그것도 공부의 하나이지만, 재미없고, 지루한 과정이었다. 입시전쟁, 입사전쟁, 승진전쟁, 시험전쟁 등등. 시험을 위해서 하는 공부는 목적이 있는 배움이었다. 목적이 있는 배움은 그 목적이 달성되고 나면 더 이상 시간을 투자할 이유가 없다. 조건이 없는 배움에는 기쁨이 있다. 즐거움이 있다. 그냥 신나게 놀이하듯 공부할 수 있다. 조건 없는 배움은 혼자 놀면서, 혼자 공부하고, 혼자 책보고, 혼자 동영상 보면서 외로움을 즐길 수 있다.

조건 없는 배움의 방법은 다양하다. 가장 고전적인 것은 '책을 통한 배움'이다. 요즘은 '유튜브를 통한 배움'도 많아졌다. 더 나아가 생성형 AI인 chat GPT, Gemini, Copilot, Clova X, Claude 등 다양한 형태로 등장하면서 'AI를 통한 배움'도 새로운 방식이다. 책을 통하든, 유튜브를 통하든, 생성형 AI를 통하든 우리는 마음만 먹으면 어디서든, 언제든, 어떤 분야이든 배우고 싶은 본능을 충족시킬 수 있다. 배움의 본능에서 물질욕, 식욕, 수면욕, 성욕, 명예욕보다 인간다운 모습을 찾을 수 있다. 동물은 식욕, 성욕, 수면욕이라는 육체적 본능에 충실하면 사는 데 지장이 없다. 인간은 거기에다 명예욕과 배움에 대한 정신적 본능이 있어서 다른 동물과 차이가 발생한다.

첫째, 책을 통한 배움의 방법은 가장 고전적이면서도 전통적이다. 글자로 인쇄된 책을 읽는 것이다. 책에는 내가 알고 싶은 대부분의 정보가 활자화되어 있다. 그 활자를 읽으면서 감동을 받기도 하고, 지식을 늘리기도 하고, 책의 저자와 깊은 대화도 한다. 그런데, 우리가 읽는 책 내용의 대부분은 기억 저편으로 사라진다. 읽은 책 내용 중 나중에 기억나는 것은 거의 없다. 그럼에도 한 번 눈으로 보고, 마음으로 감동받은 내용은 기억의 저편 또는 뇌의 어느 부분에 저장되어 있다. 그것이 나중에 입을 통해서 나오기도 하고, 어느 순간에 기억나기도 한다. 그러니 책은 일단 많이 읽어야 한다. 필요하면 한 권을 여러 번 읽은 것도 좋다. 속독과 정독을 번갈아가면서 해도 좋고, 밑줄을 치면서 읽어도 좋다. 그냥 눈으로만 읽어도 된다.

수많은 책을 다 사서 읽을 수는 없으므로 도서관을 활용하거나, 아니면 시원한 서점에서 죽치고 앉아 원하는 책을 읽는 것도 커다란 즐거움이다. 대형 서점에 가면 수천, 수만, 수십만 종의 책이 서가를 가득 채우고 있다. 하나씩 제목만 보고 지나가도 하루 종일 걸린다. 개가식 도서관에서 분류된 책 제목을 눈으로 보면서 지나가는 것도 권장할만하다. 대형 서점에서와 마찬가지로 속 내용을 보지 않고 제목만 읽어도 그 중에 내가 좋아하는 분야를 발견할 가능성이 높다. 서점이나 도서관에서 내가 좋아하는 분야의 책을 발견했으면, 구입하거나 또는 빌려서 안에 있는 내용을 내 것으로 만드는 작업을 해야 한다.

나는 '밀리의 서재'라는 앱을 통해서 스마트폰으로 책을 읽는다. 눈으로 보기도 하지만, 음성으로 듣기도 하므로 지루하지 않다. 물론 종이책과 달리 책을 넘기면서, 밑줄을 치는 재미는 없다. 그럼에도 언제, 어디서든, 무슨 책이든 읽을 수 있다는 장점이 있다. 주로 평창에서 서울 가는 기차 안에서 많이 보게 되는데, 지하철이나 산책하면서도 책을 보거나 들을 수 있어서 더욱 좋다. 도서관은 멀리 있어서 자주 못 가지만, 대형 서점은 서울에 가는 기회가 있으면 한 번씩 들러

신간코너를 돌아본다. 특정 분야를 보기 보다는 그냥 전체적인 서가를 다 둘러보고 특별히 끌리는 책이 있으면 사기도 한다.

둘째, 유튜브를 통한 배움의 방법은 누구나 가능하다. 동영상을 보면서 귀로 들을 수 있는 유튜브 방송은 이제 어떤 분야이든 전문가가 나서서 수많은 지식과 정보를 전달해준다. 보는 사람이 많아지거나, 구독자가 늘어나거나, 방송시간이 늘어나면 그만큼 큰 수익이 보장되는 구조이기 때문이다. 한 달에 수천만 원, 수억을 버는 유명 유튜버도 등장했다. 유명 유튜버가 아니라도 자신의 분야에서 갈고 닦은 기술과 지식, 경험을 공유하는 사람들이 많아졌다. 초보자부터 전문가 수준에 이르기까지 유튜브는 거의 모든 분야를 망라하고 있다. TV는 내가 보기 싫더라도 억지로 봐야하지만, 유튜브는 보기 싫으면 안 봐도 되고, 나중에 다시 보기를 해도 되고, 이어서 보기를 해도 되니 일방적으로 송출하는 TV와는 다른 재미가 있다. 키워드 검색을 통해서 내가 필요한 방송을 찾을 수 있다는 것도 장점이다. 하루에도 수백만 개의 동영상이 올라오고, 필요한 경우 생방송에 참여할 수도 있어서 가히 유튜브 천국이 되어 간다.

하지만, 조심해야 할 것도 많다. 검증되지 않은 일방적인 주장을 하는 사람도 있고, 사람을 끌어들이기 위해서 자극적인 방송을 하는 경우도 있다. 좋은 방송인지, 나쁜 방송인지를 분간해내는 능력도 필요하다. 유튜브를 통한 배움은 별도로 돈이 들지 않는다. 물론 일부 방송에서는 일정한 금액을 요구하는 경우도 있지만, 대부분은 광고를 보는 것으로 대신한다. 필요하다면 유료로 결재하고 배움을 계속하는 것도 좋은 방법이다. 대신 유튜브에 중독되지 않도록 경계해야 한다.

알고리즘 자체가 비슷한 방송을 먼저 보여주는 형식이므로 빠져들기 시작하면 하루 종일 유튜브에서 헤어나지 못한다. 자신이 필요한 방송만 보고, 일정한 시간이 지나면 아무리 재미있어도 시청을 중단해야 한다. 자신을 스스로 다독여야 한다. 중독의 피해는 심각해서 밤에 잠을 잘 때도 유튜브 방송을 틀어놓고 선잠을 자는 사람도 있다. 무엇이든 지나치면 모자람만 못하다는 과유불급(過猶不及)을 금과옥조로 새겨야 한다.

셋째, 생성형 AI를 통한 배움의 방법이 새로 등장했다. chat GPT는 전 세계 모든 사람들에게 신선한 충격을 선사했다. 인공지능과 로봇이 발달할수록 기계가 갖지 못한 인간 고유의 창의력과 통찰력을 기계가 대신하게 만들었기 때문이다. 많은 플랫폼회사에서 이러한 생성형 AI를 경쟁적으로 개발하고 있어서 머지않아 생성형 AI가 글도 쓰고, 그림도 그리고, 음악도 작곡하고, 계획서도 만들고, 스케쥴도 짜고, 비서 역할도 하면서 사람이 하는 일을 대신할 것이다. 인공지능은 인류 역사상 가장 위대한 도둑이라고 한다. 인류가 남긴 위대한 저작을 모두 읽었고, 노벨 수장작도 모두 읽었으며, 모든 종교문헌 및 역사적 해석까지도 모두 읽었다. 또한 가장 위대한 노래와 시도 모두 알고 있다. 인공지능이 현대 지식노동자 중 일정 부분을 대체할 수 있는 것도 그 때문이다.

생성형 AI인 chat GPT, Gemini, Copilot, Clova X Claude 등을 활용해서 조건 없는 배움이 가능하다. 어떤 질문이든 입력하면 AI가 수초 만에 자료를 검색해서 대화형으로 답변을 해주기 때문이다. 전 세계의 모든 자료를 바탕으로 만들어내는 것이므로 한 사람이 갖고 있는 지식의 한계를 뛰어넘는다. 질문만 잘 하면 책 한 권도 뚝딱 만들어낸다. 상황을 묘사하면 그림도 그리고, 기사를 써 달라고 하면 기사도 금방 만들어낸다. 가장 중요한 것은 질문을 잘 하는 것이다. 앞에 있는 사람에게 질문하듯이 자연스럽게 질문을 하면, AI가 답변을 해준다.

예를 들어 우주 빅뱅에 대해서 알기 쉽게 설명해주세요라고 하이퍼클로바X에 질문을 해봤다. 1초 후에 "대폭발(빅뱅) 사건은 고밀도 및 온도의 초기 상태에서 어떻게 우주가 팽창했는지 설명하는 물리 이론입니다. 대폭발의 다양한 우주론적 모형은 관측 가능한 우주의 초기 알려진 기간부터 이후의 대규모 형태까지의 진화를 설명합니다. 빅뱅 이론은 오늘날 관측되는 우주의 팽창성을 토대로 추정되는 우주의 기원 가설로, 이를 되짚어 태초에는 모든 에너지가 한 점에 모여 있었으며, 이것이 137억 9900만 년(±210만 년) 전 대폭발을 일으켜 우주를 형성했을 것이라는 이론입니다. 1920년 러시아의 수학자 프리드만이 최초로 주장한 이래 이를 지지하는 많은 증거가 관측되며 정상우주론을 제치고 정설로서 자리잡았습니다."라는 답변을 내놨다. 이제는 검색의 시대가 지나고 대화형 AI의 시대가 되었다. 그러니 다양한 AI와 대화를 하면서 조건 없는 배움을 계속해 나가야 한다. 조심할 것은 이러한 생성형 AI도 거짓말을 잘 한다는 점이다. 그것도 아주 지능적으로 거짓말을 하니, 이에 대한 자신만의 대응책이 필요하다.

넷째, k mooc를 통한 배움의 방법은 국가평생교육원이 운영하는 온라인 강좌를 듣는 것이다. 약 6천개가 넘는 강좌가 개설되어 있고, 누구나 수강이 가능하며, 강의를 다 듣고 시험이나 과제를 제출하면 이수증도 챙겨준다. 학점인정과정도 있고, 교양강좌부터 전문강좌까지 다양한 커리큘럼으로 되어 있어서 자신이 필요한 시간에 필요한 내용을 인터넷을 통해 들을 수 있다는 큰 장점이 있다. 하루에 한 과목을 다 들어도 되고, 여러 과목을 들어도 되므로 편하게 활용할 수 있다. 시간만 투자하면 무궁한 지식의 바다를 헤엄칠 수 있다. 꼭 이수증이나 학점이 아니라도 조건 없는 배움에는 아주 좋은 도구이다. 필자는 k mooc와 함께 ted 강의를 가끔 들으면서 세상의 큰 흐름과 영어 공부를 겸하기도 한다. ted는 대부분 영어 강연이지만, 한국어로 번역된 것이 많아서 영어를 모르더라도 큰 지장이 없다.

좋아하는 악기를 배우는 등 취미생활을 즐기자

은퇴 후에는 의외로 자신에게 투자할 시간이 많다. 무언가 배운다는 것은 하루하루 즐거운 시간을 보낸다는 것과 같다. 기술을 배워 돈을 버는 것도 의미가 있지만, 은퇴 후 새로운 기술을 배운다는 것은 쉽지도 않고 또 나이 먹은 사람을 채용하는 기업도 많지 않다. 따라서 돈벌이는 안 되지만 재미있게 배울 수 있는 것이 있다면 과감하게 도전해봐야 한다. 자기가 좋아하고 잘 맞는 취미에 깊이 심취하는 것은 삶의 활력소이자 최고의 힐링(healing)이 된다. 중요한 것은 한 살이라도 젊은 날 시작해야 한다는 점이다. 무엇을 배울 것인지는 모두 다를 것이다. 그래도 많은 사람들이 로망으로 갖고 있는 것을 중심으로 어떤 취미가 좋을지 살펴보자.

첫째는 악기를 하나 배우는 것이다. 섹소폰을 멋지게 불어본다든지, 드럼을 신나게 친다든지, 기타연주 여행을 한다든지 어떤 악기이든 본인이 좋아하고 잘 맞는 것으로 시작하면 된다. 혼자 배우기는 어려우므로 동호회에 나가거나, 아니면 전문적으로 배울 수 있는 학원을 다니면 된다. 무엇이든 처음 배울 때는 전문가의 도움을 받는 것이 비용을 들인 것보다 더 효율적이다. 공짜로 배우려하지 말고, 돈을 내고 배우는 것이 더 빠른 방법이다. 동호회를 잘 선택하면 함께 연주여행을 다니기도 하고, 복지관이나 요양병원 등에 정기적으로 봉사활동을 다니기도 한다.

둘째는 독서와 글쓰기를 함께 배우는 것이다. 독서는 혼자서도 집에서 할 수 있는 취미이지만, 글쓰기는 전문가에게 개인적으로 가르침을 받는 것이 좋다. 독서는 나이가 들어서도 정서적으로 많은 도움이 된다. 단순히 읽는 것에 그치지 말고 책을 필사하는 것도 좋은 방법이다. 책을 읽고 필사하는 것만으로는 부족하다. 글쓰기를 통해서 자신만의 언어로 정리해볼 필요가 있다. 삼성그룹 임원 출신인 K회장은 글쓰기대학을 만들어서 나이 드신 분들에게 스마트폰을 통한 글쓰기와 책 쓰기 강좌를 진행해서 큰 호응을 얻고 있다. 전국에 글쓰기대학을 10개 이상 만들고 글쓰기로 좋은 세상을 만들어가는 꿈을 실천하고 있다.

셋째는 유튜브나 블로그 또는 인스타그램으로 자신만의 프로그램을 만드는 것이다. 특히 유튜브 방송을 꾸준하게 열심히 하다보면 이를 통한 수익도 발생하게 된다. 취미생활이 소득을 가져다주기도 하는 것이다. 원주 산막스쿨 K교장은 지금도 매일 유튜브방송을 하고 있다. 살아가는 얘기를 비롯해서, 만나는 사람, 동네 스케치 등 다양한 방송을 통해서 멋진 영상을 제공하면서 신나게 생활하고 있다.

넷째는 그림그리기와 서예, 또는 캘리그래피를 취미생활로 하는 것도 좋다. 손과 머리를 쓰는 취미이므로 정신건강에도 좋다고 한다. 그림을 잘 그리거나 서예를 잘 하는 것, 캘리그래피를 잘 하는 것은 중요하지 않다. 그냥 취미생활을 즐기면서 재미있게 논다고 생각하면 된다. 너무 잘하려고 집중하다보면 정신적인 스트레스를 받을 수 있으니 그냥 즐기면 된다. 좀 못 그리면 어떻고, 좀 못 쓰면 어떻고, 삐뚤빼뚤하면 어떤가. 개수리에 자리 잡은 L선생은 매주 제주도에서 평창까지 비행기, 기차타고 와서 한문서예교실을 열어 지역민들에게 자원봉사를 하고 있다. 그 정성에 감복할 만하다. 내가 잘하는 것으로 다른 사람에게 의미를 부여하는 삶이 아름답게 보인다.

다섯 번째는 걷기나 등산, 자전거타기를 취미생활로 하는 것이다. 둘레길을 걷거나 주변 야산을 올라가거나, 자전거로 강변을 달리는 정도로 그쳐야 한다. 너무 심한 운동은 오히려 건강을 악화시키거나 사고를 유발할 수 있다. 우리나라는 지자체에서 둘레길이나 트레킹코스를 잘 만들어놔서 걷기 천국이다. 일부러 트레킹이나 등산, 자전거타기를 하지 않더라도 매일 집주변을 산책하는 것도 좋다. 덕연인문연구원 H원장은 매월 걷기 좋은 곳을 골라 함께 트레킹을 즐기는 모임을 주최하고 있다.

위의 다섯 가지 이외에도 명상이나 요가, 식물 키우기, 춤, 골프, 여행, 영화감상, 당구, 탁구, 헬스, 낚시, 사진, 봉사활동 등 자신이 좋아하고 취향에 맞는 것을 골라 취미활동을 하면 더 젊어진 자신을 볼 수 있을 것이다. 몸과 마음이 모두 건강한 취미생활은 좋은 영양소 역할을 한다. Just do it! Now.

책을 많이 읽고, 내 책도 한 권 내보자

은퇴 후 시간이 많이 있을 때 그 시간을 생산적으로 사용하는 방법 중에 하나가 책을 읽는 것이다. '평생가락막여서(平生可樂莫如書)'는 평생 즐기기에 책만 한 것이 없다는 뜻이다. 책을 읽는다는 것은 세상을 좀 더 많이 알아간다는 재미도 있다. 젊은 때는 먹고 사는 게 바빠 책 읽는 시간이 없었지만, 나이 들어서 하던 일을 그만두고 나면 남는 것이 시간이다. 하루 24시간 책을 봐도 되고, 하루 24시간 공부를 해도 되는 한량이니 이 얼마나 행복한가. 하루에 책 한권을 독파하는 것도 가능하고, 동영상 한 강좌를 통째로 보고 듣는 것도 가능하다. 그런데 어떤 사람은 하루 종일 TV만 시청하거나, 스마트폰으로 쓸데없는 동영상을 보느라 아까운 시간을 낭비하고 있다니 안타가운 노릇이다.

현재의 내 모습과 10년 후의 내 모습의 차이는 내가 만나는 '사람들'과 내가 읽는 '책'에 달려있다고 한다. 만나는 사람도 내가 선택해야 하지만, 읽고 싶은 책도 내가 골라야 한다. 주변에 도서관이 있다면 매일 도서관에 출근도장을 찍고 자신이 좋아하는 분야의 책을 읽다보면 어느 순간 세상이 달리 보이기 시작한다. 책을 많이 읽고, 제대로 읽으면 제대로 들을 줄 알게 된다. 그리고 세상의 이치를 깨닫고 사리분별이 가능하다. 제대로 된 단어를 사용하고 제대로 쓸 줄도 알게 된다. 나아가 제대로 말할 줄 알게 된다. 그러니 주저 말고 책을 읽어야 한다. '서권기 문자향(書卷氣 文字香)'이라는 문구는 '책을 읽어 교양을 쌓으면 몸에서 책의 기운이 풍기고 문자의 향기가 난다'는 뜻이다. 책을 좋아하는 사람의 아름다운 향기가 널리 퍼졌으면 좋겠다.

세상 모든 위대한 사람들은 대부분 많은 책을 읽었다. 나는 책을 읽거나 보는 것도 좋아하지만, 책을 사고 책을 모으는 것이 참 좋다. 책장에 책이 가득 꽂혀 있는 그 자체로 기분이 좋아진다. 구입한 책 대부분은 읽어보지만, 어떤 때는 목차만 읽고 책장에 진열할 때도 있다. 솔직히 고백하면, 읽기 위한 책도 있지만 폼 잡기 위한 책도 있기 때문이다. 지금까지 책값으로 들어간 돈만 하더라도 집 한 채는 사고도 남을 정도다. 요즘에는 스마트폰 앱이 잘 되어 있어서 돈을 거의 들이지 않고도 보고 싶은 책을 얼마든지 볼 수 있는 세상이 되었다. 구독경제의 하나로 매월 1만 원정도의 돈만 결제하면 수십 권에서 수백 권의 책을 스마트폰이나 컴퓨터로 볼 수 있기 때문이다. 굳이 서점에 나가지 않아도 손안의 디지털 기기로 책을 읽을 수 있어서 시골에 살면서도 불편함을 느끼지 못한다.

어떤 분야의 책을 읽을 것인가? 이 물음에도 정답은 존재하지 않는다. 그냥 자신이 좋아하는 분야이거나, 배우고 싶은 분야 또는 관심이 있는 분야면 된다. 그것도 귀찮으면 이것저것 가리지 말고 다양하게 읽고 다양하게 공부하면 된다. 무엇이든 읽어두고 배워두면 인생에 도움이 되면 되었지 손해 볼 일은 없기 때문이다. 책을 읽고 공부를 한다는 것은 지적 쾌감을 일으켜 정신건강, 마음건강에 좋은 영향을 미친다. 책 읽기와 공부만큼 남는 장사도 없다. 책을 읽고 공부하다보면 세상의 이치도 깨닫게 되지만, 자신만의 책을 내거나 강의를 하는 것도 가능하다. 특정 분야의 책을 100권정도 독파하면 적어도 1권의 책을 낼 콘텐츠가 확보된다. 책을 사서 읽는 소비자에서 책을 쓰는 생산자가 된다는 것이 얼마나 신나는 일인가. 더구나 요즘은 누구든지 지속적인 노력과 열정만 있으면 글쓰기가 가능하고, 살아온 얘기만으로도 몇 권의 책을 쓸 수 있는 소재가 있다.

나는 노동법, 노사관계 전문서적과 내비게이터십 관련 책을 포함해서 26권의 책을 낸 경험이 있고 이번에 칼럼집 2권을 출간하면 내 이름으로 된 책이 총 28권이다. 특히 내비게이터십 책은 200권 정도의 리더십 관련 책을 읽으면서 자연스럽게 나만의 이론이 정리되어 출판된 것이다. 책은 일단 많이 읽어 두어야 한다. 어느 정도 분량의 책을 읽어두면 소가 되새김을 하듯이 천천히 음미하게 되고, 결국 자신만의 책을 낼 수 있는 수준까지 올라가게 된다. 90세가 넘은 이시형박사는 70대부터는 매년 3~4권의 책을 내고 있다. 그것이 모여서 122권이 되고 덕분에 건강도 유지하고 있다고 한다. 사람은 책을 만들고 책은 사람을 만든다. 글은 생각과 사상의 집합체이며, 영향력이면서 힘이다.

리버스(reverse)멘토링, 젊은이에게 배우는 사람이 되자

나이 많은 것이 벼슬인 시절이 있었다. 선배가 후배를 혼내주던 시절도 있었다. 고참이 신참을 가르치던 시절도 있었다. 경력사원이 신입사원을 훈육하던 시절도 있었다. 세상이 천천히 발전할 때는 선입선출의 원칙에 의해서 나이 많거나, 선배이거나, 고참이거나, 경력이 있는 사람이 자기가 가지고 있는 지식을 전수해주었다. 이제 세상이 너무 빨리 변하고, 기술발전이 급속도로 이루어지면서 젊은이가 나이든 사람을 가르치고, 후배가 선배를 혼내주고, 신참이 고참을 가르치고, 신입사원이 경력사원을 훈육하는 현상이 나타났다. 이른바 리버스(reverse) 멘토링이라는 이름으로……

리버스 멘토링은 최근 조직 내에서 기성세대와 MZ세대 간 가치관이나 생활방식 차이로 인한 갈등이 표면화되면서 주목을 받고 있는 기법이다. 리버스 멘토링은 세대 간 격차 완화 외에도 최신 시장 트렌드, 디지털 역량개발, 리더십 개발, MZ세대 이직률 감소, 조직문화 개선 등의 효과가 있는 것으로 알려져 있다. 이러한 리버스 멘토링은 멘토와 멘티역 할을 하는 대상이 뒤집힌 형태다. 일반적으로 멘토링은 지식과 경험이 많은 시니어가 멘토로서 직급이 낮고 현장 경험이 적은 주니어의 개인적인 발전과 경력 개발에 필요한 지도와 조언을 해주는 방식으로 운영된다. 이에 반해 리버스 멘토링은 젊은 직원이 멘토가 되고 나이 든 직원이 멘티가 된다. 젊은 구성원이 CEO, 임원, 팀장 등 상위 구성원들에게 새로운 트렌드나 관점, 신기술 등을 전수한다. 리버스 멘토링은 세대 간 이해와 협력을 강화할 뿐 아니라 핵심 인재개발에도 도움이 된다.

최근 리버스 멘토링이 각광받는 원인 중 하나는 조직 내 세대 간 갈등이 커지고 있기 때문이다. 베이비부머 세대부터 Z세대에 이르기까지 조직 내에 다양한 세대가 함께 일하는 조직이 늘어나면서 세대 간 불협화음이 표면화되는 경우가 잦아지고 있다. 젊은 세대일수록 업무에서 세대 간 격차를 크게 느끼고 이로 인해 스트레스를 받는다는 뜻으로 풀이할 수 있다. 상호간 불신은 조직 내 세대 간 갈등을 야기하고 그 결과 업무 효율성과 만족도, 기업의 성과 등의 부정적 영향을 미친다. MZ세대 구성원의 비율이 높아지면서 이들의 목소리가 조직 내에서 커진 것도 이유가 된다. 우리나라 주요 기업 구성원의 60% 정도를 차지하고 있는 MZ 세대는 새로운 기술이나 브랜드의 보다 열려있고, 공정한 대우와 보상, 자유, 유연하고 수평적인 업무환경을 중요시한다.

왜 나이 먹은 사람이 젊은이에게 배워야 할까? 기술발전과 사회

변화가 워낙 빠르기 때문이다. 2007년 아이폰이 출시된 이후 현재까지 18년밖에 되지 않았는데, 아이폰 16, 갤럭시 25가 출시되었다. 적어도 1년에 한 번씩 새로운 버전이 출시되고, 새로운 기술이 탑재된다. 젊은이들은 스마트폰을 스마트하게 사용하지만, 나이 든 사람들은 그냥 핸드폰일 뿐이다. 새로운 기술이나 앱을 사용할 줄 모르니 당연한 결과이다. 혹시라도 궁금한 것이 있으면 일단 젊은 친구에게 물어봐야 한다. 빠르게 바뀌는 기술과 앱을 따라가는 것은 불가능하다. 심지어 키오스크가 설치된 식당에서 밥을 먹으려면 젊은 친구에게 사용법을 잘 배워야 한다. 모르는 것이 창피한 게 아니니, 무조건 젊은 친구에게 물어봐야 한다.

농업혁명은 약 1만년 정도 시간을 갖고 천천히 진행되었고, 동력을 중심으로 하는 1차 산업혁명은 약 300년 정도 걸렸다. 전기를 중심으로 하는 2차 산업혁명을 거쳐, 컴퓨터를 중심으로 하는 3차 산업혁명은 약 30년 정도의 역사를 가지고 있다. 스마트폰을 중심으로 하는 제4차 산업혁명은 20년이 안 걸릴 것으로 예측된다. 농업사회나 산업사회에서 태어난 사람은 평생 비슷한 환경에서 살다 죽는다. 이런 사회는 나이가 많고 경험이 많을수록 더 능력을 발휘할 수 있었다. 지금은 재수 없으면 100살까지 사는 세상이다. 그럼에도 새로운 기술은 무섭게 새로운 환경에 적응할 것을 요구하니 평생 배울 수밖에 없다. 농사를 짓는 사람들도 옛날 방식을 고집할 수 없다. 스마트팜 기술이 발전하니, 젊은이들에게 배우지 않으면 경쟁력이 없다. 공장제 생산방식도 스마트기술을 활용하니 젊은이가 더 잘 한다.

기성세대가 신세대에게 배울 것이 많은 세상이다. 신세대에게 더 많은 권한이 주어져야 한다. 노인이 청년에게 길을 물어보는 것이 당연하다. 아무리 경험이 많은 노인도 내비게이션을 쓰는 청년보다 길을 더 잘 알 수는 없다. 노인 한 분은 도서관 한 개라는 덕담이 있지만, 신세대들은 앉은 자리에서 전 세계 도서관 수백 개를 검색하는 세상이다. 어느 곳에서나 나이가 어린 사람을 깍듯이 모시고, 하나라도 새로운 것을 배우려고 노력해야 살아남는다.

늙지 않기 위한 4가지 활동 언에이징(Unaging)을 실천하자

나이 드는 것을 반기는 사람은 아무도 없다. 제대로 알고 있는 사람도 드물다. 나이가 들면 당연히 여기저기 아프고, 그러다가 결국 죽음을 맞이하는 것이 인생의 말년이라고 생각한다. 그런데 나이 드는 것과 노화는 전혀 별개의 문제다. 나이 드는 것을 거부할 순 없지만, 노화는 얼마든지 조절하거나 늦출 수 있다. 삶을 대하는 태도와 마음가짐에 따라 노년의 삶은 달라질 수 있다. '나이 들지만 늙지 않는다!'는 말이 유행하는 이유다.

영국에서 출간돼 화제인 '언에이징(Unaging)'은 '어떻게 사는지가 어떻게 나이 드는지를 결정한다'고 말한다. 건강하게 나이 들기 위한 '네 가지 핵심 요소'를 알려준다. 인지 활동, 신체 활동, 심리 활동, 사회 활동으로 나눠 건강하고 활기찬 노년 생활을 즐기는 방법을 소개한다. 책을 쓴 로버트 P 프리들랜드는 미국 루이빌대 의과대학 신경과 및 신경생물학 교수로 저명한 신경과학자다. 알츠하이머, 파킨슨병, 근위축성 측색 경화증 등과 관련한 장내 세균의 역할을 밝혀내 학계의 주목을 받고 있다. 최근 그는 노화 관련 뇌 질환 발생 가능성을 낮추는 방법을 집중적으로 연구하고 있다. 저자는 건강하고 풍요로운 노년을 원하는 사람이라면 반드시 네 가지 핵심 요소를 일상에서 실천할 것을 권한다.

첫 번째가 '인지 활동'이다. 계속해서 새로운 것을 배우는 것을 의미한다. 학습은 유아·청소년뿐 아니라 노년 세대에게 더욱 필요하다. 외국어나 그림, 뜨개질을 배우면서 배우는 재미를 느낄 수 있고 몰입감을 경험할 수 있다. 두 번째는 '신체 활동'이다. 지속적이고 규칙적인 신체 활동은 전반적인 건강을 관리하는 핵심 요소다. 저자는 '매일 30분 동안 날씨와 관계없이 할 수 있는 신체 활동이 노년 건강에 가장 중요하다"고 강조한다. 특히 치아 건강과 치매의 관계를 소개하는 부분이 흥미롭다. 건강한 치아는 행복한 노년을 위한 핵심 조건이다. 책은 치아 건강이 좋지 못해 음식을 잘 씹지 못하면 치매 발병 위험이 커진다고 경고한다. 치아로 씹는 행위는 음식물을 잘게 쪼개는 것뿐 아니라 뇌로 가는 혈류량을 높이는 역할을 한다. 세 번째 요소인 '심리 활동'은 자기 자신과의 관계다. 자기 자신을 스스로 더 잘 돌보고, 아끼고, 사랑할 수 있어야 한다. 배우자, 독서 클럽 회원, 운동 친구 등 긍정적인 에너지를 선사하는 사람들과 소통하고 공감해야 한다. 마지막으로 '사회 활동'은 앞서 소개한 세 가지 핵심 요소를 아우른다. 나이 들수록 어떤 공동체에 소속돼 있는 것이 중요하다. 공동체에 참여함으로써 소속감과 안정감을 느낄 수 있고, 노년 세대에게 가장 치명적인 해를 끼치는 고독감에서 벗어날 수 있다.

"뇌와 다른 신체 기관이 어떻게 상호작용하는지 그리고 나와 다른 사람이 어떻게 상호작용하는지, 그것이 노년의 삶을 결정한다." 저자는 그가 오랫동안 연구한 의학적 결과들을 흥미롭게 소개하면서 나이 드는 것이 저주가 아니라 축복임을 밝힌다. 나이 드는 것과 늙는 것은 다르다. 그 차이를 아는 사람만이 '브라보 마이 라이프'(Bravo my life)를 외칠 수 있다.

스마트폰을 현명하게 사용하되, 스마트폰 좀비는 되지 말자

스마트폰은 우리의 생활에서 꼭 필요한 도구이다. 어쩌면 도구를 넘어서 인간의 손발보다 더 요긴하게 사용하는 신체와도 같다. 오장육부에다 스마트폰을 포함해서 '오장칠부'라고 부르는 경우도 있다. 스마트폰이 없으면 밖에 나가지를 못한다. 집안에서도 스마트폰은 놀이터도 되고, 친구도 되고, 보호자도 된다. AI를 장착한 스마트폰은 비서역할부터 시작해서 음악, 미술, 운동, 글쓰기, 내비게이션, 시계 등 못하는 것이 없다.

모든 길은 스마트폰으로 통한다. 스마트폰을 사용하지 못하면 기차 타기도 힘들고, 버스타기도 힘들고, 택시타기도 힘들다. 주말에 KTX를 타보면 젊은이들은 모두 자리에 앉아서 컴퓨터나 스마트폰을 보고 있는데, 노인들은 스마트폰으로 기차표를 예매할 줄 몰라서 입석으로 가는 경우를 많이 본다. 기차표 사러 기차역에 일찍 나온다고 하더라도 이미 젊은이들은 집에서 스마트폰으로 자기가 원하는 좌석을 오래전에 구매했기 때문에 경쟁이 되질 않는다. 스마트폰은 만능 도깨비방망이와 같다. 은행거래는 물론 물건 구매와 예매, 건강관리는 물론 움직이는 사무실 역할도 한다.

기차를 타거나 지하철, 심지어는 버스에서도 스마트폰만 가지고 노는 것이 작금의 현실이다. 예전에는 책을 보는 사람이나 신문을 보는 사람도 있었지만, 지금은 책도, 신문도, 드라마도, 스포츠도 스마트폰으로 해결한다. 출근시간 그 혼잡한 지하철 안에서 몸도 제대로 못 움직이면서 스마트폰은 시청하는 사람이 있다. 이어폰을 끼고 영어회화를 공부하는 사람은 그래도 괜찮다. 그 혼잡한 상황에서도 끝까지 드라마를 시청하는 사람은 어떻게 봐야할까? 웹툰이라는 만화를 시청하는 것까지는 봐줄 수 있다.

그런데, 사람이 많은 지하철에서 장시간 큰 소리로 통화하는 사람은 어쩔 것인가? 자유는 다른 사람의 자유를 침해하지 않는 한도에서 누릴 수 있다. 다른 사람들은 타인의 통화내용을 들을 의무가 없다. 시시콜콜한 잡담을 계속 듣고 있을 의무는 더더욱 없다. 옆 사람을 짜증나게 하는 것도 현대인으로서의 예의에서 벗어난다. 최소한의 예절은 지키고 살아야 하는데, 스마트폰 예절은 어디서 가르쳐야 하는가?

가장 불편을 주는 것은 아무래도 '걸어 다니는 스마트폰 좀비'가 될 것이다. 걸어가면서 스마트폰을 보고 있는 사람, 계단을 올라가면서도 스마트폰을 보고 있는 사람, 계단을 내려가면서도 스마트폰에 빠져 있는 사람이 스마트폰 좀비다. 스마트폰을 보느라 앞에서 오는 사람과 부딪치는 것은 물론 자칫 사고로 이어질 가능성도 존재한다. 눈이 스마트폰에 고정되어 있으므로 다른 움직임에는 둔할 수밖에 없다. 잠시 걷는 시간도 아까워서 공부를 하는 사람이라면 그래도 이해할 수 있다. 시간이 아까운 학생들이 잠시 걷는 시간이라도 이용하는 것이라면 봐줄 수 있다. 그런데 대부분의 좀비들은 드라마를 시청하거나, 게임을 하거나, 스포츠중계를 보는 경우가 많다. 이것은 스마트폰 중독이지 않을까? 단 1분도 스마트폰을 떠나지 못하는 중독자가 올바를 사회생활이 가능할 것인가?

스마트폰을 현명하게 활용하는 것은 자신의 인생에서도 사회생활에서도 유익한 시간이다. 그러나 스마트폰 중독이 되거나, 스마트폰 좀비가 되는 것은 개인적으로나 사회적으로 좋은 현상은 아니다. 스마트폰에는 다양한 형태의 앱을 설치할 수 있다. 필자가 편리하게 사용하는 것은 송금 등 은행거래, 기차표 예매, 고속버스 예매, 독서, 일기쓰기, 사진과 동영상 찍기, 글쓰기, 지도검색, 내비게이션, SNS, 온라인구매, 검색, chatGPT, 메일, 유튜브 시청, K mooc 수업, 화상강의, 녹음, 회의록, 번역, 화상 회의, 만보기, 비서 등 일상생활의 대부분을 스마트폰 앱이 담당하고 있다. 이제 스마트폰을 아주 현명하게 사용하되, 중독이 되거나, 좀비가 되지 않도록 잘 통제하는 지혜가 필요한 시기가 되었다.

마음과 관계의 나이 듦

정서적 성숙과 대인 관계의 지혜

이제 겨우 내 인생 후반전이 시작되고 있다

농사짓던 시절에는 어릴 때부터 예순(60세)까지 열심히 일하고 자식들에게 기대어 10~20년 정도 적당히 더 살다가 죽는 것이 일반적인 모습이었다. 그래서 60갑자(甲子)를 넘기면 환갑(還甲)잔치를 열고 이를 축하하기도 했다. 산업사회를 거쳐 지식정보사회, 그리고 디지털정보사회로 발전하면서 사람의 평균수명도 여든(80세)이 넘었으며, 기대수명은 백(100세)에 가까워지고 있다.

2014년 영화로 개봉한 '창문 넘어 도망친 100세 노인'은 요나스 요나손이 집필한 장편소설을 각색한 작품이다. 100년을 산다는 게 그냥 소설이나 영화적 상상이 아니라, 지금 우리에게 다가온 현실이다. 그러니 은퇴를 한다고 하더라도 이제 겨우 '하프타임'에 불과하다. 축구게임은 전반전 · 하프타임 · 후반전, 그리고 연장전까지도 있다. 우리의 인생도 후반전은 물론 연장전도 뛰어야 하는 세상이다. 농구 게

임과 같이 1쿼터·2쿼터·3쿼터·4쿼터로 나누는 것이 더 이해하기 쉬울 수 있다.

열아홉(19세) 미만은 미성년자로 부모의 부양을 받는 시기이니 자신이 게임을 뛰는 선수가 아니라 연습생이라고 볼 수 있다. 따라서 19~39세까지는 전반전(1쿼터), 40~59세까지는 하프타임(2쿼터), 60~79세까지는 후반전(3쿼터), 80~100세까지는 연장전(4쿼터)로 나눌 수 있다. 또한 제1의 인생부터 제3의 인생까지 3분하는 방법도 있다. 30세까지는 제1의 인생, 60세까지는 제2의 인생, 60세 이후는 제3의 인생으로 구분 하는 것이다. 어떻게 구분하든 우리는 인생을 1모작으로 끝내는 것이 아닌 2모작이나 3모작, 더 나아가 4모작도 가능한 세상에 살고 있는 것이다. 그럼에도 우리는 아직까지 농사짓던 시절의 1모작 인생설계에서 벗어나지 못하고 있다. 특히 제1차 베이비붐(baby boom)세대는 1모작에 맞춰 생활하다가 '노후파산(老後破産)'이라는 비참한 미래를 맞을 위험이 있다.

텍사스대 스티븐 오스터드박사는 현재 살고 있는 어린이들 중 일부는 150세까지 장수한다는 연구결과를 발표한 바 있다. 또한 영국의 노인재단이 발표한 자료에는 현재 40~50대는 90세, 현재 30대는 100세, 2000년 이후 태어난 아이는 130세까지 생존할 수 있다고 한다. 생명공학의 발달로 노화속도가 늦어지고 생존여명이 점점 길어지는 상황이기 때문이다. 준비 되지 않은 노후는 축복이 아니라 자칫 끔찍한 재앙(災殃)으로 다가올 수 있다.

지금 현재 40대라면 사고나 암 등 특별한 사정이 생기지 않는 한 앞으로도 5~60년은 더 살아야 한다. 70대라고 하더라도 2~30년은 더 생존할 수 있다. 어떻게 할 것인가? 그것은 우리들의 몫으로 남겨져 있다. 어느 누구도 나이 든 사람의 삶을 대신 살아줄 수 없고 우리 스스로 이 문제를 해결해야 한다. 도전하고 변화하는 길만이 앞으로 남은 3~50년 동안 살아갈 수 있는 길이다. 노화가 진행될수록 단기 기억력은 감퇴되고 최근 정보를 입력해 처리하는 판단력도 급속히 떨어진다. 대신 경험을 바탕으로 한 창의력과 추리력은 젊은 시절과 비슷하거나 더 뛰어날 수 있다. 아직 내 인생의 전성기는 오지 않았다는 생각으로 새로운 길을 찾아내는 것도 가능한 일이다. 은퇴를 하프타임으로 생각하고 인생 전반전을 회고하면서 인생 후반전을 잘 설계하여 멋진 제2인생, 제3인생을 살아야 한다. 준비하지 않는 자에게는 멋진 인생후반전이 오지 않는다.

오늘은 어제 죽은 사람이 그렇게 살고 싶어 하던 하루이다. 그러니 우리는 오늘을 멋있게 살아내야 한다.

괜찮은 백수, 포백(four back) 전략을 구사해보자

'백수건달'의 줄임말인 백수는 무직자와 같은 의미를 지닌다. 백수는 원래 돈 한 푼 없이 빈둥거리며 놀고먹는 건달을 의미했으나, 현재는 뚜렷한 직업이 없는 사람들을 가리키는 용어로 변했다. 인터넷이나 SNS에서 한바탕 웃자고 만들어져서 여기저기 돌아다니는 백수유형은 크게 5~6가지나 된다. 불백, 가백, 마포불백, 화백, 반백이 그것이다. 앞의 3가지는 가능하다면 피해야 하는 백수유형이지만, 뒤의 2가지는 누구나 부러워하는 백수다. 은퇴하고 나면 어떤 백수가 되고 싶은지 미리 점검해보는 것도 재미있다. 가능하면 남들이 부러워하는 '괜찮은 백수'가 되기 위해 미리 준비하자.

첫 번째 '불백'은 불쌍한 백수의 줄임말인데, 불백의 특징은 동창이든 친구든 누가 불러주면 나가서 밥을 같이 먹거나, 어쩌다 정말 가끔 본인이 직접 친구를 불러내서 식사자리든 술자리든 만들어서 외로움을 달래는 가련한 백수 유형을 말한다. 두 번째 '가백'은 가정에 충실한 백수를 말하는데 특징은 주로 집에만 칩거하면서 손자, 손녀 봐주고 아내가 외출 할 때 집 잘 보고 있으라고 하면 '잘 다녀오세요.'라고 대답하는 백수 유형이다. 이와 비슷한 '동백'은 일없이 동네만 어슬렁거리는 백수를 뜻한다. 세 번째 '마포불백'은 마누라도 포기한 불쌍한 백수의 줄인 말인데, 특징은 아내가 뭐라고만 하면 매번 토를 달고 다투는 유형이다. 이 유형은 분리수거 날에는 민감하게 반응하는데, 혹시 자신을 분리수거(?)로 쓰레기장에 내놓을지 모른다는 걱정이 되기 때문이라니 왠지 가슴이 찡하다.

네 번째 '화백'은 화려한 백수라는 의미로 은퇴 전에 돈을 많이 벌어서 가끔 골프 라운딩을 하면서, 국내외 여행도 즐기는 화려한 백수를 말한다. 다섯 번째 '반백'은 '반란을 일으키는 백수'라는 뜻으로 은퇴 전보다 돈과 시간에서 자유로워지다 보니, 자신이 원하는 일을 하며 더 보람 있고 가치 있는 삶을 살고 있는 은퇴자를 말한다. 악기도 배우고, 그림도 그리고, 학원도 다니고, 봉사활동도 다니는 사람들이다.

그렇다면 나는 어느 유형일까? 무언가 하고 있으니 불백은 아니고, 그렇다고 화백이나 반백 유형에도 끼지 못하지만, 시골생활을 즐기고 있는 백수이니 '시골백수'라고 해도 될 것 같은데, 그냥 속편하게 '4백(포백)'으로 부른다. 축구게임에서 수비가 4명인 경우를 포백(보통 442전술, 또는 433 전술)이라고 하듯이 ① 시골생활의 여유를 즐기면서 ② 가끔 강의, 회의, 모임으로 한양 나들이도 하고 ③ 산양삼, 산나물 등 농사도 짓고 ④ 복합문화공간인 '심심림'을 조성하고 있으니 백수

이긴 한데, 4가지를 하고 있어서 이름 붙인 백수 유형이다. 거기에 더하여 매주 하나씩의 칼럼을 쓰고 있으니 5백(파이브백)으로 변할 수도 있으려나? 아무튼 백수가 과로사 한다는 농담이 있듯이 포백이든 파이브백이든 꽤나 바쁘게 사는 것만큼은 확실하다.

인생에서 일이나 직업은 우리에게 가장 중요한 소득(돈), 재미, 의미를 선물로 준다. 젊은 시절에는 생활의 밑천인 소득이 가장 우선시될 수밖에 없다. 물론 재미있는 일이면서 소득이 크다면 좋겠지만, 조금 재미가 없더라도 소득만 높으면 참고 견딜 만하다. 그래서 투잡(two job)이니 쓰리잡(three job)이니 하는 용어도 유행된다. 본래의 일이나 직업에서 은퇴하고 제2의 인생을 살거나 은퇴 후 백수로 지내다보면 소득보다는 의미와 재미가 더 중요해진다. 소득이 좀 적더라도 의미와 재미가 크면 견딜 수 있기 때문이다.

은퇴 후에는 의미 있는 봉사활동이나 재미있는 취미생활을 벗 삼아 쓰리(3)백, 포(4)백, 파이브(5)백이 되도록 미리 준비하는 것은 어떨까? 불백이나 마포불백은 어쩐지 처량한 느낌이 든다.

점진적인 3단계 노년기를 대비해보자

한 손에 막대를 잡고 또 한 손에는 가시를 쥐고,
늙는 길은 가시 덩굴로 막고, 찾아오는 백발은 막대로 치려고 했더니,
백발이 (나의 속셈을) 제가 먼저 알고 지름길로 오더라.

고려시대 '백발가(白髮歌)'라는 시조의 내용이다. 많은 사람들이 원하는 '자는 듯이 죽었으면' 좋겠지만, 어디 그게 내 맘대로 되는가. 모든 생명체는 하루를 사는 하루살이든 수백 년을 사는 거북이든 '생로병사(生老病死)'의 과정을 거친다. 사람도 하나의 생명체로 태어나서 늙고 병들고 죽어간다. 꽃이 피고 지듯이 인생살이도 꽃피는 젊은 시절이 있었고, 나이 들면서 노년을 보내다가 '죽음이라는 종착역'에 도달한다. 죽음 이후의 세계는 종교의 영역이거나 상상의 영역이기에 살아있는 동안 우리는 나만의 아름다운 흔적을 남기면 그것으로 족하다. 주된 직업에서 은퇴를 했다고 인생이 끝난 게 아니다. 어느 생명보험회사에서 만든 '은퇴백서'를 보면 은퇴 후에도 활동기, 회상기, 간병기의 점진적인 3단계로 진행된다.

1단계 '활동기(活動期)'는 은퇴 후 10~20년의 기간으로 건강한 신체와 더불어 활동적 생활을 유지해 갈 수 있는 시기다. 직장 생활 또는 경제활동을 위해 하지 못했던 일, 즉 해보고 싶은 일들을 할 수 있는 소중한 시간이다. 이 기간은 생각하기에 따라 인생의 전성기로 만들 수 있는 최고의 시간이다. 이 시간을 잘 보내기 위해서는 도전적인 과제와 경제적 준비가 있어야 한다. 하고 싶은 도전적인 과제가 많을수록 필요한 만큼의 자금이 뒷받침 되어야 한다. 아직 젊으니 새로운 일거리를 찾거나, 하고 싶었던 것을 취미생활로 즐기는 것도 좋다. 운동, 여행 등 우선순위를 정해서 하고 싶은 일을 할 수만 있다면 무엇이든 해보자.

2단계인 '회상기(回想期)'는 활동기가 끝나고 10~20년의 기간으로 하고 싶은 일을 활동적으로 할 수는 없으나, 지나온 인생을 반추하면서 소소하고 확실한 행복(小確幸)을 느낄 수 있는 시기다. 자기 자신이 살아온 좋은 추억을 되새기며 가족, 친구를 자주 만나면서 인생을 복기해 볼 수 있는 의미 있는 시간이다. 활동기를 지나 회상기에 접어들면 지출도 줄어 경제적 부담이 덜어진다. 그러나 다음 단계인 간병기로 가면 자기 의지와 무관하게 병에 걸리거나 치매 등의 이유로 경제적 부담을 갖게 된다.

3단계 '간병기(看病期)'는 짧으면 1년 정도이지만, 길어지면 10년을 넘길 수도 있다. 간병기는 혼자서 생활하기가 힘들고 가족이나 요양기관의 도움을 받아야 할 시기다. 이 기간이 짧을수록 노년의 행복지수는 높아지는 만큼, 평소에 건강을 저축하는 습관이 필요하다. 통계에 의하면, 약 16년을 유병기로 보내야 한다. 이 기간을 어떻게 보낼 것인가? 식사를 잘하고 의사 조언도 잘 듣고 간병해주는 주변 사람들을 배려해야 한다. 몸이 아프면 마음이 약해지고, 마음이 약해지면 판단이 흐려진다. 주변 사람들에게 경제적, 정신적 부담을 주지 않기 위해 미리 준비해야 한다. 간병 비용에 대한 준비, 자의적 판단이 어려운 시기가 올 때 해야 할 일을 주변에 일러두어야 한다. 가족, 지인 등 내 주변인들에게 마음의 선물도 준비하자. 살면서 하지 못했던 이야기, 하고 싶었던 이야기를 정리해서 나누자. 사랑하는 사람들이 좋은 사람으로 기억해줄 것이다. 활동기와 회상기는 길어도 좋지만, 간병기는 짧을수록 좋다.

활동기는 길게, 회상기는 더 길게, 간병기는 가능한 짧게 가져가는 지혜를 발휘해보자. 내 인생의 전성기는 아직 끝나지 않았다고 외쳐보자.

'은퇴지옥'을 벗어나는 방법을 찾아보자

다니던 직장을 그만두는 것을 퇴직 또는 은퇴라고 한다. 우리나라는 정년연령이 법적으로 60세이므로 특별한 사정이 없는 한 60세가 되는 달 말이나, 12월말일이 정년퇴직일이 된다. 앞으로 법령이 개정되어 65세로 정년이 연장될 경우 65세에 도달한 해의 12월 말일이 될 수 있다. 이렇게 정년을 채우는 직장인은 그래도 행복하다. 많은 직장인이 명예퇴직, 희망퇴직, 자발적 사직, 해고 등으로 정년 이전에 그만두는 것이 현실이기 때문이다. 퇴직 또는 은퇴를 하고 나면 은퇴가 즐거운 시기(은퇴 허니문), 은퇴가 지겨운 시기(은퇴지옥), 스스로 적응하는 시기(회복기)의 단계를 거치게 된다. 강제적으로 구조조정이나 명예퇴직, 희망퇴직, 경영상해고를 당한 사람들은 즐거운 시기를 건너뛰고 분노의 시기(왜 나인가?)를 먼저 겪게 된다. 이 분노의 시기를 잘 버티지 못한 사람들은 은퇴지옥에서 벗어나기 어렵다. 세상이 싫고, 내가 밉고, 모든 것이 부정적으로 보이기 때문이다. 아무튼 은퇴지옥을 빨리 탈출하지 않으면, 행복한 노후는 물 건너간다.

1단계는 은퇴 허니문 기간이다. 즐거운 시기가 될 것인지? 아니면 분노의 시기가 될 것인지는 마음먹기 달렸다. 강제적으로 구조조정을 당했다고 하더라도, 긍정적으로 생각하고, 즐거운 생활을 한다면 은퇴 허니문 기간이 될 수 있다. 정년퇴직을 하거나 자발적 퇴직을 한 사람과 마찬가지로 이 단계에서는 여행, 쇼핑, 골프 등 그동안 시간이 없어서 못했던 일들을 한다. 대체로 이런 만족감은 1~2년 정도 지속된다. 분노의 시기를 보내는 사람들은 집에서 은둔형 외톨이가 되거나, 직장을 구하러 다니거나, 알콜에 의존하거나, 친구를 만나 하소연하면서 시간을 때운다. 은퇴지옥이 일찍 시작된 것이다. 출근할 직장이 없어지면 시간을 죽이는 일도 보통 힘든 일이 아니다. 은퇴 허니문시기를 보내는 사람들도 일단 하고 싶었던 일 목록에 있던 일을 마치고 나면 이때부터 은퇴지옥이 시작된다.

2단계는 은퇴지옥이다. 분노의 시기를 보낸 사람들은 이미 은퇴지옥을 경험했지만, 은퇴 허니문을 보낸 사람들은 대부분 인생무상을 느낀다. 오랫동안 꿈꾸던 취미와 여가 생활에 대한 관심이 사라지고, 모든 것이 무의미하게 느껴진다. 특히 일로써 내면의 욕구를 충족시키던 사람들은 일을 통해 얻었던 만족감과 성취감을 그리워하며, 무기력하고 우울한 상태에 빠진다. 왜 사는가? 무엇을 해야 할 것인가? 철학적인 화두를 던지는 시기이기도 하다. 앞으로 얼마나 살 것인지 고민하면서, 벌어놓은 재산으로 죽는 날까지 버틸 수 있을지? 기초연금과 국민연금, 퇴직연금 등 연금으로 살아갈 수 있는지? 자격증이라도 취득해야 하는지?

3단계는 회복기로 은퇴지옥에서 벗어나는 방법을 찾는 시기다. 운이 좋은 사람들은 빠르게 해결책을 찾지만, 은퇴지옥에서 오랫동안 헤어 나오지 못하는 사람도 있다. 특히 강제적으로 구조조정을 당한 사람들은 처음부터 은퇴지옥에 빠져 영영 나오지 못하고 노년을 불행하게 보내는 경우도 있다. 은퇴를 긍정적으로 보면 일에서 해방되어 자신이 하고 싶은 일을 할 수 있는 시간이다. 물론 생활비가 없는 사람들은 어떻게든 돈을 벌어야 되기 때문에 은퇴지옥이 계속될 수 있다. 그렇다고 하더라도 일은 삶의 원동력이라는 생각으로 즐겁게 받아들인다면 은퇴지옥을 벗어나는 기회가 될 수도 있다.

이러한 은퇴지옥에 빠지지 않기 위해 미리 관리해야 할 3가지 항목은 경제적 독립, 인간관계 정립, 목적이 있는 삶이다.

첫째, 경제적 독립은 자신에게 맞는 노후 자금을 미리 준비해야 한다. 경제적 독립은 은퇴의 필수 요건이다. 경제적 독립이란 더 이상 생계를 위해 일하지 않아도 된다는 의미다. 그렇다면 은퇴 시점에는 어느 정도의 자금이 필요할까? 재무설계 전문가들은 최소한 연간 지출의 25배 수준의 자금을 확보했을 때 경제적 독립이 가능하다고 말한다. 가장 좋은 방법은 은퇴 전 1년 동안 지출을 모니터링하고, 그에 맞는 노후 자금을 확보해 두는 것이다. 만약 자금이 부족하다면 은퇴 후에 계획을 수정해 필요한 노후 비용을 줄이거나 다른 일자리로 추가 수입을 얻어야 한다. 은퇴 후에도 적게나마 꾸준히 소득을 창출하는 것이 가장 좋다.

둘째, 인간관계를 새로이 정립해야 한다. 연구 결과에 따르면,

은퇴 후에는 부부의 결혼 만족도가 일시적으로 대폭 하락한다. 황혼 이혼이 늘어나는 시기가 된다. 은퇴 전에는 각자 일을 하고 자녀를 키우느라 많은 시간을 독립적으로 보내다가 은퇴 이후 같이 있는 시간이 길어지며 곪았던 문제가 표면으로 드러나는 것이다. 은퇴 후 사이가 안 좋아지는 부부들에게는 공통점이 있다. 먼저 소통이 잘 안 된다. 상당수는 자기가 하고 싶은 일만 생각하고 배우자가 무엇을 하고 싶은지 잘 모른다. 그리고 배우자에게 너무 의존하는 것도 문제다. 직장에서 일만 하느라 어떻게 자기 자신을 돌보고 여가 시간을 활용해야 할지 모르는 사람들이 퇴직 후 의지할 사람은 배우자 뿐이다. 그래서 배우자를 졸졸 따라다니거나 배우자의 영역에 침범에 모든 시간을 함께 하려 한다. 그러나 배우자 역시 그동안 독립적으로 꾸려온 생활이 있기 때문에, 은퇴 후 나를 위해 일상을 완전히 바꿀 것이라고 기대해서는 안 된다. 노후에는 부부 사이가 건강과 행복에 가장 큰 영향을 미친다. 부부 모두 최선을 다해 서로가 다시 연결될 수 있는 환경을 만들어야 한다.

셋째, 목적이 있는 삶이 즐겁다. 아침에 눈 뜨고 싶은 이유를 만들어야 한다. 일을 하고 가족을 부양하는 것이 삶의 목적이었던 사람들은 아이들이 독립하고 대출금을 상환하면 삶의 목적이 사라진다. 목적이 없는 채로 살면 빠르게 은퇴지옥으로 진입한다. 매일 아침 침대를 박차고 일어나고 싶게 하는 삶의 목적을 되찾아야 한다. 삶의 목적을 찾기 위해서는 어릴 적 꿈을 곱씹어보는 것이 도움 된다. 삶의 목적을 찾았다면 그것을 실현할 수 있는 일을 찾는다. 연구에 따르면, 일을 계속하는 것이 60대 초반 남성의 5년 내 사망 확률을 32%나 감소시켰다. 일은 내가 누구인가에 대한 답을 제공하며, 성취감과 더불어 자신의 정체성을 확인할 수 있게 한다. 은퇴 후는 가장 일하기 좋은 타이밍이다. 풀타임으로 일할 필요도 없고, 회사에서 일할 때와 같은 일을 하지 않아도 되기 때문이다. 이전만큼 많은 돈을 벌지 못해도 상관없다. 돈이나 지위는 더 이상 주된 목적이 아니다. 이제는 자신이 잘하고 즐길 수 있는 일, 사회에 기여할 수 있는 일을 할 수 있다. 지금이야말로 자신이 꿈꾸던 삶을 살 수 있는 기회다.

경제적 독립은 젊을 때 만들지 않으면 달성이 쉽지 않다. 인간관계 정립은 남에게 휘둘리지 말고 자신의 의지대로 살아가면 된다. 목적이 있는 삶은 꿈을 찾아내고, 그 꿈을 이루는 일을 하는 것이다.

은퇴 후에는 쓸데없는 공부도 해보자

무언가 새로운 분야를 배우고 공부한다는 것은 나이 든 사람에게는 엄청난 축복이다. 마음이 젊어지고 시간도 잘 가고 삶이 즐거워지기 때문이다. 소크라테스는 독약이 준비되고 있는 동안 피리로 음악 한 소절을 연습하고 있었다. 누군가 '대체 지금 그게 무슨 소용이요?'라고 묻자, '그래도 죽기 전에 음악 한 소절은 배우지 않겠는가!'라고 답했다고 한다. 무엇을 배울 것인지 결정할 때는 자신이 좋아하고 해보고 싶었던 분야가 더 재미있지 않겠는가. 학창시절과 달리 은퇴 후에는 그냥 '아무거나' 새로운 분야를 접해보는 것도 좋다. 이것저것 배우다보면 자신이 잘하거나 신나는 무엇인가가 손에 잡힐 수 있다. 배워서 교수가 될 것도 아니고, 또 누구에게 폼 잡을 것도 아니라면 그야말로 세상 사람들이 '쓸데없는 짓'이라고 할지라도 내가 좋다면야 범죄와 나쁜 짓만 빼놓고 배우러 다니는 게 정답이다. 남는 것이 시간이니 시간도 보내면서 천천히 배워도 된다. 급할 게 없으니 여유가 있어서 좋다.

쓸데없는 짓이라도 하는 것이 외로움을 덜어주니 정신건강에 도움이 된다. 또한 나중에는 그 쓸데없는 짓이 노년을 보내는 좋은 취미가 되기도 한다. 무언가 시도하다보면 새로운 길이 만들어지기도 한다. 젊은 시절의 공부는 경쟁에서 이기기 위한 도구로서 역할이었다면, 나이 들어서 하는 공부는 그냥 즐기면서 무언가 알아가는 기쁨을 위해 하는 것이므로 급할 것이 없다. 그냥 천천히 '세월아, 네월아' 하면서 하더라도 누가 뭐라 할 사람도 없다. 한 친구는 은퇴 후 스포츠댄스를 부부가 함께 배워서 신나게 즐기면서도 운동량이 많아 몸매까지 관리가 된다고 자랑하고 다닌다. 나도 한번 배워보고 싶은데 시골동네라서 접할 수 있는 기회를 만드는 게 쉽지 않다.

자칫 다른 사람들의 눈에는 노욕(老慾)으로 비칠 수도 있지만 뭐 어떤가. 배워서 다른 사람과 경쟁하는 것이 아니라 내가 좋아서 배우는 것이니 누구에게 피해를 주는 일도 없고, 더 나아가 실력이 출중해지면 다른 사람에게도 가르쳐 줄 수 있으니 배워서 남 주는 생활도 가능하다. 내 어머니는 여든이 넘은 연세에도 노인복지관에 열심히 다니면서 초등학교 과정을 마치고 중학교 과정에 입학하셨다. 매일 받아쓰기를 하고, 초등학교 1학년 책을 공책에 필사하는 즐거움과 글자를 읽을 수 있다는 기쁨이 겹쳐져서 소녀 같은 함박웃음을 지으신다.

배우고 공부하는 방법이 예전과 달리 무척 다양해져서 시간과 노력만 들이면 무엇이든 내 것으로 만들 수 있는 시대가 되었다. 평생학습 시스템과 사이버대학을 활용하면 전문분야를 배울 수도 있고, 유튜브 동영상이 워낙 다양한 주제로 올라오고 있어서 관심분야만 정하면 얼마든지 독학도 가능하다. 영어를 비롯한 일본어, 중국어 등 외국어 공부, 경제공부, 투자공부 등 거의 전 분야가 망라되어 있다. 전문분야를 깊이 있게 공부하려면 아무래도 방송대나 사이버대학에 등록하면 된다. 사이버 강의가 좋은 점은 자신이 원하는 시간에 들을 수 있다는 점이다. 자발적으로 가장 편한 시간을 활용할 수 있어서 부담이 적다. 학창시절의 공부는 성적 부담도 있고 경쟁관계이다 보니 스트레스가 심하다. 하지만 사이버 강의는 점수가 중요하지 않으니 공부에만 집중할 수 있게 된다. 그냥 노는 것 같이 재미있게 시간을 보내면 된다.

한국형 온라인 공개강좌인 k-mooc도 추천하고 싶다. 무크란 Massive, Open, Online, Course의 줄임말로 오픈형 온라인 학습 과정을 뜻한다. 현재 약 6천여 강좌가 업로드 되어 거의 모든 분야를 총망라하고 있다. 인문, 사회, 자연, 예체능, 의약, 공학은 물론 융복합 학문까지 학습하는 것이 가능하다. 모든 과정은 무료로 운영되고 있어서 비용부담이 없으며, 언제든 어디서든 디지털기기만 있으면 공부가 가능하다는 장점도 있다. 또한 TED 강좌는 대부분 영어로 되어 있지만, 한국어 번역이 되어 있어서 누구나 들을 수 있다. 영어공부도 할 겸 TED 강좌를 매일 1편 정도 보고 듣는 것도 큰 도움이 된다.

인간은 살아있는 한 몸을 움직이고 두뇌를 사용해야 한다. 나이가 들면 몸은 늙어가도 두뇌는 쓸수록 녹슬지 않는다. 체력에 부담을 주지 않는 수준에서 머리를 사용해야 한다. 오늘부터 신입생이 되어 신나게 공부해보자. 좋아하는 책도 읽어보고, 영어회화도 공부하고, 대학 생활도 해보고, 좋은 강의도 들으러 다녀보자.

나이 들어서도 소박한 꿈을 가꾸는 사람이 되자

은퇴 후 노후생활을 미리미리 준비한 사람이 얼마나 될까? 아마 대부분은 하루하루 사는 것도 버거워 노후를 고민할 여유마저 없었다고 할 것이다. '준비에 실패하는 것은 실패를 준비하는 것'이라는 말이 있다. 준비되지 않은 노후가 아름답거나 행복해지기를 기대하기는 어렵다. '그래서, 뭘 하면서 살고 싶은데요?'라는 질문을 던지면 그냥 '시골에 가서 농사나 짓고 살지요', 또는 '어떻게든 되겠지 뭐, 산 입에 거미줄 치겠어요?'라는 답이 돌아온다. 농사짓는 일이 어디 쉬운 일인가. 아무런 준비가 없었는데 '어떻게든 되는 일은 없다'는 것이 이 세상의 이치다.

인생설계도를 그려보는 '내비게이터십' 강의를 진행하면서 수강생들에게 '꿈이 무엇이냐?'고 자주 물어본다. '가족과 행복하고 건강하게' 또는 '돈 많이 벌었으면'과 같은 답변이 가장 많다. 또 다시 '돈 많이 벌어서 뭐하게요?'라고 물어보면 '가족과 여행 다니고 행복하게 살려고.'라는 대답이 보통이다. 결국 가족, 행복, 건강, 그리고 돈이 중요하다는 것이다. 우리 인간은 행복이라고 하는 삶의 본질적 목표를 추구하며 살아가고 있기 때문이다. 여기서 행복은 삶 속의 다양한 긍정적인 경험을 통해서 발현되는 좋은 감정이다. 그렇다면 우리의 인생에서 가장 위대하고 긍정적인 경험을 제공하는 일은 무엇일까? 그것은 바로 자신의 '꿈을 만들고, 그 꿈을 이루는 것'이다.

큰 꿈이든, 아주 소박한 꿈이든 꿈이 있어야 비로소 자신의 삶에서 방향을 찾아갈 수 있다. 꿈은 생각하는 이미지를 선명하게 만들어 나간다. 따라서 꿈은 강력하고 매우 '특별한 힘(影響力)'을 지니고 있다. 그것은 삶의 궤적에 대한 미래기억을 촉진하는 힘이다. 매일 꿈을 되새기고 열망한다면 그 꿈은 우리의 기억 속에 터를 잡는다. 이렇게 간절히 열망하고 입버릇처럼 주문을 외우다 보면 꿈으로 향하는 '삶의 궤적'이 현실의 흔적처럼 다가오는 순간이 있다. 그래서 우리는 꼭 꿈을 갖고 있어야 한다. 꿈이 있어야 비로소 자신의 삶을 올바른 길로 안내할 수 있기 때문이다. 꿈은 앞으로 내 삶이 어떻게 진행될지를 알려주는 안내자가 된다. 꿈은 우리의 삶과 맞닿아 있는 실체적 어휘로서 꿈을 인생 여정에서 핵심 자원이나 핵심연료로 활용할 줄 알아야 한다. 꿈을 갖는 것은 희망을 갖는 것과 같다. 그러니 꿈이 없다면 스스로 만들어내야 한다.

100세 시대는 이제 거스를 수 없는 대세가 되었다. 60세까지 정년을 채우고 은퇴한다고 하더라도 40년의 세월이 기다리고 있다. 만약 50세에 조기퇴직을 한다면 살아온 세월만큼을 더 살아내야 한다.

그 40년 또는 50년의 궤적을 미리 그려보는 작업이 꿈을 꾸는 일이다. 우리는 자동차를 운선할 때 내비게이션(navigation)을 켜고 목적지(目的地), 현재지(現在地), 경로(徑路)를 입력하듯이 꿈이라는 목적지가 있는 나만의 내비게이션을 켜야 한다. 그리고 삶의 궤적인 경로를 설계하고, 경로를 벗어나지 않도록 경고기능도 가동시키면서 꿈을 향해 달려가면 어떨까. 나이가 들어가면서도 자신의 행복은 포기하지 말아야 한다. 행복은 그냥 주어지는 공짜가 아니라 꿈을 향한 자신과의 대화를 통해서 만들어지는 것이기 때문이다. 젊은 시절의 큰 야망과는 다른 나이 들어가면서 자기 자신의 자아를 찾아가는 소박한 꿈을 가꾸어가자. 우리는 행복을 추구할 권리(헌법 제10조)를 가지고 태어났다는 점을 노년에도 잊어버리지 말고 당당하게 살아가자.

오늘은 내가 꿈꿀 수 있는 가장 젊은 날이다. 젊을 때는 먹고 사느라 꿈을 잊어버렸더라도 이제부터는 내 꿈을 열심히 찾아보자.

노화를 늦추는 습관과 고스톱(go-stop)을 쳐보자

사람도 다른 생명체와 마찬가지로 '생로병사(生老病死)'라는 과정을 거쳐 죽음에 이르게 된다. 어떤 사람은 노화의 속도가 빠른 '가속노화'를 통해 일찍 사망하기도 하고, 반대로 어떤 사람은 노화 속도가 느려져서(지연노화), 오랫동안 장수하기도 한다. 최근에 받는 부고장에 보면 망자의 연령대가 보통 90대이고, 100세를 넘긴 분도 간혹 보인다. 그러면 가속노화는 왜 생길까. 죽음에 이르는 질병은 수없이 많기 때문에 노화 속도를 늦추는 방법도 하나만 있는 것은 아니다.

노화에 영향을 미치는 요인에는 '시간(時間), 유전적 요인(遺傳的 要因), 생활습관(生活習慣)'이 있다. 나이가 많아지면 자연스럽게 늙어가기 때문에 '시간'이 지나면서 노화현상이 따라오는 게 당연하다. 사람마다 체질이 다르고 '유전적인 요인'도 차이가 있어 노화가 빠른 사람도 있고 상대적으로 느린 사람도 있다. 가는 세월을 막을 수 없듯이 시간을 멈추거나 시간을 늦추는 능력을 가진 사람은 없다. 누구에게나 시간은 공평하게 하루 24시간이 주어져 있다. 또한 유전적 요인도 인간이 어쩔 수 없이 이미 부모나 선조로부터 물려받은 것이므로 이를 바꾸기는 어렵다. 결국 자신이 스스로 조절할 수 있는 것은 자신의 '생활습관'뿐이다.

건강에 좋고 질병에 강한 생활습관을 갖고 있는 사람도 있고, 반대로 건강에 치명적이고 질병을 불러오는 생활습관을 갖고 있는 사람도 있다. 죽음은 결국 삶의 결과물이고 생활습관의 종착역이기도 하다. 그렇다면 생활습관을 바꾸면 노화의 속도를 늦추는 것이 가능하지 않을까. 가속노화를 촉진하는 생활습관을 버리고 노화를 늦추는 생활습관을 만들어나가는 것이 건강하게 장수하는 비결이기도 하다. 좋은 습관은 계속 고(go)하되, 나쁜 습관은 그만 스톱(stop)하는 고스톱에서 이겨내는 게 중요하다. 반대로 나쁜 습관은 go하고, 좋은 습관은 stop하는 우를 범해서는 곤란하다. 이 고스톱 게임을 잘 하려면 우선 건강에 좋은 습관과 나쁜 습관이 어떤 것인지 먼저 파악해야 한다.

go해야 할 좋은 습관도 사람마다 차이가 있으나, 간단하게 많은 의사들이 공통적으로 얘기하는 것만 보면 건강한 먹거리(영양), 좋은 공기와 물(환경), 꾸준하고 알맞은 운동(육체), 스트레스 멀리하기(마음), 충분한 수면(잘 자기), 손 씻기와 목욕(위생), 햇볕 쬐기(광합성), 금연과 절주(자제), 새로운 것 배우기(학습), 긍정적 태도(절대긍정)의 10가지로 압축된다. stop해야 하는 나쁜 습관은 좋은 습관을 반대로 하면 된다. 좋지 않은 음식을 먹고, 나쁜 공기와 나쁜 물을 마시며, 운동을 제대로 하지 않고, 스트레스를 많이 받고, 잠을 잘 자지 않고, 손 씻기와 목욕을 게을리 하며, 햇빛을 거의 쬐지 않고, 흡연과 과음을 하며, 새로운 것을 배우려 하지 않고, 부정적인 태도를 갖는 것이다.

시골살이가 좋은 이유는 좋은 생활습관을 계속 go할 수 있는 환경을 갖고 있기 때문이다. 건강한 먹거리를 직접 키워서 먹을 수가 있고, 깨끗한 공기와 맑은 물을 마실 수 있으며, 주변에 산책할 수 있는 공간이 많아 적당한 운동을 즐길 수 있고, 신경 쓸 일이 적어 스트레스를 줄일 수 있고, 손 씻기와 목욕하기 쉽고, 햇빛은 언제든 쪼일 수 있으며, 금연과 절주도 가능하고, 새로운 것을 배우는 것도 얼마든지 가능하며, 긍정적인 생각을 키울 수 있다. 그러니 좋은 습관을 계속하고, 나쁜 습관을 그만둘 수 있는 여건과 환경이 도시보다 유리하다고 할 수 있다. 다만, 모든 것은 자신의 의지로 스스로 해야 하기 때문에 go할 것과 stop할 것을 잘 분별하는 지혜가 요구된다.

그냥 단순하게 사는 방법도 배워보자

우연한 기회에 돌아가신 분의 '유품정리' 비슷한 걸 경험했다. 수의에 주머니가 없듯이 우리가 이 세상을 떠날 때는 아무 것도 가지고 가지 못한다. 사람이 태어날 때 아무 것도 손에 들고 온 것이 없이 빈손으로 태어나는 것처럼, 죽을 때도 일생 동안 내 것인 줄 알고 애써 모아놓은 모든 것을 그대로 버려두고 빈손으로 죽는다는 의미를 '공수래 공수거(空手來 空手去)'라고 한다. 재물, 권세, 명예를 지나치게 욕심내지 말고 분수에 맞게 살라는 가르침이기도 하다. 운명은 내 맘대로 바꿀 수 없지만, 운명을 대하는 내 자세는 얼마든지 바꿀 수 있다.

주위에 살던 이웃이 거동이 불편해서 요양원으로 들어가면서 살림살이를 전부 치워달라는 부탁 때문에 생각지도 않았던 물건들을 하나씩 정리하게 되었다. 옷장에 있는 옷 중에는 한 번도 입어보지 못한 것도 꽤 있었다. 유명 브랜드를 비롯해서 그 많은 옷들이 왜 필요했을까? 시골(산골)살이는 일할 때 입는 작업복과 외부에 나갈 때 입는 외출복, 그리고 행사 때 입는 양복 정도만 있어도 크게 불편하지 않다. 자그마치 10박스 정도의 옷이 나왔으니 화물차로 의류수집상에 가져다 줄 수밖에 없었다.

어디 옷뿐이랴! 신발도 수십 켤레가 되고, 애완동물 용품, 각종 책, 온갖 골동품과 수집품, 잡동사니, 부엌 살림살이, 쇼파, 책상 등등. 이웃이 일부 챙겨가기도 했지만, 다른 사람은 사용할 수 없는 많은 물건들은 쓰레기장으로 향했다. 며칠에 걸친 물건 정리를 하면서 느낀 점은 나도 이제 가능하면 있는 물건도 정리해서 버리고, 꼭 필요한 물건이 아니면 사지 말아야겠다는 다짐을 하는 시간이 되었다. 그리고 아주 단순하게 살기로 했다. 내 옷장에도 몇 년 동안 한 번도 입지 않은 옷이 많다. 이불장은 물론이고 각종 살림살이도 마찬가지다. 찬장에는 한 번도 사용하지 않은 식기가 쌓여있고, 손님용으로 장만한 찻잔도 사용하지 않은 채 진열되어 있다.

책장 역시 읽지도 않는 책들이 떡하니 폼 잡고 있다. 산골로 들어오면서 대부분을 정리한다고 했지만, 아직도 장식용으로 진열되어 있는 책들이 너무 많다. 언젠가는 '읽어보겠지'라는 기대를 하면서 버리지 못하고 있을 뿐이다. 이제 책도 과감하게 정리할 시간이 되었다. 꼭 읽고 싶은 책 몇 권만 남기고 책장 정리부터 해야겠다. 단순하게(simple) 사는 것이 더 편하니까. 요즘은 휴대폰이나 컴퓨터를 통해서 얼마든지 읽고 싶은 책을 읽을 수 있는 시대이니 책 욕심도 내려놔야 될 것 같다. 물론 종이책과 컴퓨터 화면으로 읽는 책은 느낌이나 감흥이 다르다. 오래 전에 출간된 '단순하게 살아라'는 책에서도 버려야 할 물건의 목록을 만들고 과감하게 버리라고 조언한다.

책장과 옷장, 신발장과 찬장 등을 정리하고 나니 사는 게 한결 단순해진다. 이제부터는 이러한 공간을 채우는 습관을 버려야 한다. 비어있는 공간이 더 아름답다. 물건뿐만 아니라 마음속에 꽉 들어찬 욕심도 버리고, 명예나 권세 등 보이지 않는 욕망도 절제하는 지혜를 찾아야겠다. 거기에 더하여 이제 집에서는 먹는 것도 아주 단순화해서 반찬은 3가지 이내로 줄여야겠다. 물론 꼭 필요한 영양소를 섭취하는 것은 당연한데 너무 많이 먹어서 살을 빼야 하는 상황은 만들지 말자.

오늘은 주변을 비롯해서 몸과 마음을 대청소하는 날이다. 버릴 것은 버리고, 치울 것은 치우고, 나눌 것은 나누자.

활짝 웃어주고 크게 맞장구를 쳐주자

KBS 아침마당 목요특강에서 '역전한 인생의 5가지 비결'이라는 주제로 생방송으로 진행한 경험이 있다. 한 시간을 혼자 TV강연을 해야 하니, 당연히 전문(?) 방청객이 필자 앞에 자리를 잡고 앉아 적절한 타이밍에 박수도 치고, 깔깔깔 웃어도 주고, 가끔은 놀라는 감탄사를 연발하니 떨지 않고 신나게 강연을 마칠 수 있었다. 물론 이분들은 일반인이 아닌 숙달된 전문 방청객들이라서 언제 웃고, 언제 박수를 치고, 언제 감탄사를 쏟아내야 되는지를 잘 아는 분들이다. 약방에 감초 같은 역할을 하는 방청객이 없었다면 자칫 밋밋한 분위기가 연출될 뻔했는데, 이 분들의 뜨거운 피드백(feedback) 또는 리액션(reaction) 반응이 생방송의 긴장감을 풀어주고 강의하는 사람의 기(氣)를 살려주었다.

이렇게 피드백이나 리액션은 비단 방송에서만이 아니라 일상생활, 더 나아가 직장생활의 활력을 불어넣는 중요한 역할을 한다. 서로 얘기를 나눌 때도 상대방의 얘기에 '그래요! 멋져요! 그렇구나!' 등등의 긍정적인 반응은 상대방을 신나게 하고, 기분 좋게 해준다. 요즘 스마트폰이 항상 손에서 떠나지 않다보니 얘기를 하면서도 스마트폰을 보고, 밥을 먹으면서도 화면에서 시선을 떼지 못하고, 걸으면서도 스마트폰 좀비가 되는 형편이고 보면, 옆에 있는 사람과도 말을 하는 게 아니라 카톡이나 메시지로 소통하는 것이 당연하다고 치부한다.

피드백이나 리액션은 상대방의 행동이나 말에 긍정적이거나 부정적인 것으로 나눌 수 있다. '칭찬은 고래도 춤추게 한다'는 책의 영향인지 대부분 칭찬과 같은 긍정적 행동은 쉽게 한다. 긍정적 행동은 특별한 화술이나 꾸밈없이 어떤 방식으로 하더라도 듣는 사람이 쉽게 수용할 수 있기 때문이다. 그러나 칭찬과 같은 긍정적 언사만이 능사는 아니다. 상대방이 성장하도록 돕는 부정적 반응도 필요하다. 부정적 반응은 상대방을 비방하는 것이 아니라, 듣기 싫은 내용이라도 상대방을 진정으로 위한다는 마음에서 우러나오는 것이라면 해야 하는 것일 수도 있다.

부정적인 반응을 유용하게 활용하려면 어떻게 해야 할까? 가장 중요한 것은 사람 자체에 초점을 맞추지 말고, 그 사람의 구체적인 행위나 행동에 초점을 맞춰야 한다. '당신은 괜히 쓸데없는 참견을 하는 사람이다'라는 말보다 '이번에는 당신이 쓸데없는 참견을 했다'라는 말이 어떤 점을 개선해야 하는지를 알려준다는 점에서 바람직한 반응이다. 또한 상대의 입장을 배려하지 않는 어줍지 않은 충고보다는 정보공유에 초점을 맞춰 대안을 제시할 때 더 나은 결과를 이끌어낼 수 있다.

부정적인 피드백이나 리액션은 조심해서 한다고 하더라도 상대방에게 잔소리로 들리거나 기분 나쁜 충고로 들리기도 한다. 따라서 가능하면 긍정적인 반응을 보여주는 것이 더 효과적이다. 그냥 고개를 끄덕이는 조용한 것보다는 활짝 웃으면서 크게 맞장구를 쳐주면 상대방은 더 크게 감동한다. 상대방이 보낸 카톡이나 메시지도 그냥 눈팅만 하는 게 아니라, 적극적으로 공감해주고, 이모티콘 역시 활짝 웃는 것이라면 더욱 좋다. 오늘은 두 팔을 크게 벌리고 하늘을 바라보며 호탕하게 웃어보자.

'왕년에'라는 단어는 내 사전에서 지우자

누구나 인생에서 전성기가 있었을 것이다. 사람들이 '왕년에(옛날에)'라는 말을 자주 사용하는 이유는 자신이 지금 현재 보다는 잘나가던 좋은 때가 있었다는 나름대로의 자기 자랑이다. 옛날에 좀 놀았다 또는 한 가닥 했다는 것을 우회적으로 표현한 말이기도 하다. 그런데 이 '왕년에'라는 말을 자주 하는 사람 치고 진정으로 자신의 삶을 멋있게 살아온 사람은 그리 많지 않다는 점이다. 무언가 보태고 무언가 뻥튀기를 한 느낌이 많이 들기도 한다. 왕년에 금송아지 한 마리 안 가졌던 사람이 있었던가?

좋은 말도 자주 들으면 지겹다고 하는데, 만날 때마다 '왕년에'를 녹음기처럼 튼다면 환영받지 못한다. 지나온 과거는 이미 흘러간 물에 불과함에도 현재의 공허함을 왕년에 어쩌고 하면서 떠드는 것이 좋은 모습은 아니다. 특히 시골살이를 하면서는 자신의 과거 이야기는 가급적 삼가는 것이 좋다. 친구들 사이에서도 '왕년에'라는 말이 나오면 싫증을 느끼는데, 하물며 시골살이를 하면서 다른 사람의 '왕년에'라는 말을 듣고 싶지는 않을 테니까.

우리의 인생은 과거-현재-미래가 모두 연결되어 있는 복합체이다. 과거는 좋은 기억과 함께 자신을 반성하는 역사이므로 현재와 미래의 밑거름이 되어야 한다. 괜한 자랑질은 본인은 물론이고 주변 사람들에게도 좋지 않은 영향을 미친다. 대신 우리는 현재의 삶에 도움이 되거나, 미래의 삶을 준비하는 희망적인 말을 많이 해야 한다. 어제와 똑같은 오늘이 없고, 오늘과 똑같은 내일이 있을 수 없다. 그러나 우리는 과거라는 틀에 묶여 삶을 스스로 제한하고 이웃과의 관계에서도 옛날 방식으로 대응하다가 모든 것을 잃어버리는 잘못을 하기도 한다.

인생은 한번밖에 살지 못하는 일방통행(One way trip)이며, 왕복승차권을 발행하지 않는다. 과거는 과거일 뿐, 매 순간이 새롭고 특별한 순간이며 소중한 지금은 다시 오지 않는다. 과거 얘기 보다는 지금의 내 인생, 그리고 미래의 내 꿈이 무엇인지 얘기하는 게 더 생산적이다. 공자는 전심전력으로 주어진 인생을 살아가고자 노력하는 것이 '공경(恭敬)'의 참뜻이라고 했다. 나를 공경하고 지금 늦게 간다고 비관하지 말고, 앞서간다고 자만하지 않아야 한다. 인생의 종착역에 도착할 때까지는 아무 것도 끝난 게 아니다. 인생은 관 뚜껑을 덮은 다음에 평가할 수 있다.

우리는 눈을 멀리 바라보되 발은 땅을 딛고 있어야 한다. 미래를 꿈꾸는 동시에 지금 이 순간에 집중하는 이중의 삶이 요구된다. 즉,

현실이 힘들어도 꿈을 잃지 않는 것과 지금 이 순간을 치열하게 살면서도 꿈을 바라보는 두 가지가 다 필요하다. 인생은 내가 길을 만들어 나가는 정글이기에 길을 잃고 헤맬 수 있다. 하지만 꿈이 분명하다면 금세 길이 찾아진다. 인생의 마지막 날을 앉아서 기다리지 말고, 또한 내일을 미리 당겨쓰지도 말고, 하루하루를 즐겁게 산다면 의미 있는 인생이 만들어진다. 과거의 나를 과감히 버리고 현재와 미래의 나를 예쁘게 만들어가자.

괴테(Goethe)의 처세훈에 즐거운 생활을 하려면, 지나간 일에 투덜거리지 말 것, 좀처럼 성내지 말 것, 언제나 현재를 즐길 것, 남을 미워하지 말 것이라고 했다. 첫째는 잊어버려야 할 것은 깨끗하게 잊어버리고 미래를 바라보고, 둘째는 분노 속에서 한 말이나 행동은 후회만 남으니 분노의 노예가 되지 말고, 셋째는 지금 내가 하고 있는 일을 즐기고 그 일에 열정을 다하고, 증오는 우리 인간을 비열하게 만들고 우리의 인격을 타락시키니 넓은 아량을 갖고 남을 포용하라는 뜻이다. 이제부터 '왕년에'라는 단어를 내 사전에서 지우고 '앞으로'라는 단어를 사용하자.

쉼표와 느낌표,
그리고 물음표가 있는 삶을 살자

쉼표(,)가 없는 인생을 너무 힘들다. 느낌표(!)가 없는 인생은 너무 삭막하다. 물음표(?)가 없는 인생은 너무 단조롭다. 빅토르 위고가 레 미제라블의 원고를 출판사로 보냈는데, 진행 사항이 궁금하여 출판사에 편지를 보냈다. 내용은 '?' 달랑 한 글자였다. 곧이어 출판사에서 온 답장 역시 달랑 '!' 한 글자뿐이었다. 물음표(?)는 말 그대로 진행이 어떻게 되는가를 물었던 것이고, 출판사는 위트 있게도 "내용이 좋아 출판했으며, 잘 팔리고 있다!"는 뜻으로 느낌표(!) 하나만을 써서 답장했다고 한다. 문장부호로서의 쉼표, 느낌표, 물음표가 우리의 노후를 조금 더 즐겁게 만들 수 있지 않을까? 쉼표가 없는 문장은 읽기가 힘들고, 쉼표가 없는 악보는 노래하기가 어렵다. 느낌표가 없는 문장은 읽기가 무미건조하고, 물음표가 없는 문장도 무언가 부족해 보인다. 그러니 인생을 풍요롭게 하는 쉼표와 느낌표, 그리고 물음표가 가득한 노후를 즐겨보자.

적당한 시기에 휴식을 취하지 않으면, '번아웃(burn out)증후군'이 찾아온다. 더 심해지면 '우울증'으로 변하거나, '청장년급사증후군'까지 진행되기도 한다. 차량 방향을 전환할 때 속도를 줄이거나 잠시 멈췄다가 출발하듯이 인생에서도 속도를 줄이거나 잠시 쉬어야 할 때가 있다. 인생의 쉼표는 재충전의 기회가 되기도 하고, 진지하게 삶을 성찰하고 새로운 방향을 선택하는 계기를 만들기도 한다. 내가 5도2촌에서 완전한 시골살이로 바꾸게 된 것은 박사학위논문을 작성하면서 잠도 거의 안자고 무리하게 작업을 하는 바람에 건강이 악화된 때문이다. 약 3개월간 참고문헌 수집하고, 300여 쪽의 박사논문을 쓰느라 하루 2~3시간만 자는 강행군을 했다. 덕분에 박사논문은 무난하게 통과되었는데, 박사학위를 받고 긴장이 풀리자 몸에 고장이 나기 시작했다. 병원에서 진찰을 해보니 신장기능이 많이 나빠져서 조심하지 않으면 자칫 투석까지 해야 한다는 의사의 소견이 나왔다. 원인은 정확하게 알 수 없지만, 추정해보면 잠을 적게 잔 것이 원인이 되어 혈압이 높아졌는데, 이를 모르고 치료를 하지 않아 결국 신장이 망가지는 최악의 결과를 가져온 것 같다. 투석을 하게 되면 정상적인 생활이 어렵고, 만약 더 악화되어 신장이식을 받아야 된다면 인생 최대의 위기가 펼쳐지는 것이다.

먹는 식단을 조절하고, 스트레스를 줄이고, 충분한 휴식을 취하는 것이 좋다는 의사의 처방에 따라 모든 것을 내려놓고 시골에서 잘 먹고, 잘 싸고, 잘 놀고, 잘 자는 생활을 하게 되었다. 그 덕분인지 다행스럽게도 건강이 좋아져서 최근 건강검진 결과는 신장 기능이 정상

상태로 돌아왔다. 아직 고혈압 약을 먹어야 되는 것만 빼고는 몸 상태가 아주 좋아졌다. 만약 그 당시 욕심을 내서 업무를 무리하게 계속했더라면 아마도 더 나쁜 최악의 결과가 나왔을지도 모른다. 문장이나 악보에 쉼표가 있듯이 인생에서도 적당한 시기에 쉼표를 찍는 지혜가 필요하다. 그렇지 않고 무리하게 일하다보면 쉼표가 아닌 인생의 마침표가 될 수도 있기 때문이다. 쉼표를 찍어야 할 때 마침표를 찍는 바보 같은 짓을 하지 말아야 한다. 그러니 오늘이라도 세상살이의 욕심을 내려놓고 자신만의 쉼표를 찍어보자.

느낌표는 삭막한 삶에 힘을 주는 인생의 활력소가 된다. 느낌표 하나만으로도 감성적이고 긍정적인 기분이 든다. 느낌표를 많이 사용한다는 것은 그만큼 사는 게 신나거나 감동적이라는 것을 반증한다. 젊은이들이 어떤 얘기를 할 때 '그랬구나! 그랬어! 멋진 생각이야! 참 좋다! 멋지다!'라는 감탄사를 적절하게 사용한다면 한결 분위기가 좋아지지 않을까. 꼭 상대가 없다고 하더라도 자신에게도 '그래, 잘 살고 있어! 잘 하고 있어! 멋져!' 등등 자신에게 스스로 감동하고, 자신을 위로하는 것도 참 좋다. 스스로에게 감탄사를 연발하다보면 자신의 인생도 꽤 멋지게 보이지 않을까.

물음표는 세상살이를 좀 더 편하게 해준다. 모르는 게 있으면 주저 없이 질문을 던져야 한다. 누구에겐가 질문을 하면 어떤 해답이든 들을 수 있다. 나에게 질문하고 스스로 답을 찾아내는 것도 가능하다. KTX를 이용해서 서울 나들이를 많이 하는 편이다. 65세가 넘었기 때문에 경로할인이 가능함에도 스마폰 앱을 제대로 사용할 줄 몰라서 할인되지 않은 정상적인 요금을 주고 다녔다. 기차역에서 직원에게 물어보면 될 일인데도 괜히 쑥스럽다는 생각이 들어 역무실을 들어가지 않았었다. 그러다 마침 기차시간보다 일찍 역에 도착한 날이 있어 직원에게 경로할인을 받는 방법을 물어보게 됐다. 직원은 아주 간단하게 스마트폰의 앱을 조작하는 방법을 알려줬고, 그 후로는 30%가 할인된 요금으로 KTX를 이용하는 즐거움을 누리고 있다. 내가 잘 모르면 잘 아는 사람이나 전문가에게 질문을 하면 쉽게 해결된 일도 우리는 쓸데없는 자존심이나 낯 가림으로 그냥 넘어가는 경우가 많다. 그러니 질문하고 또 질문하자. 그러면 세상이 참 쉬워진다.

이어령 교수는 '왜?' '어떻게?'라는 물음표가 있어야 '아!' 하고 무릎을 탁 치는 느낌표가 생기고, 물음표가 씨앗이라면, 느낌표는 꽃이라고 했다. 그러니 지금부터라도 물음표의 씨앗을 뿌리고, 느낌표의 꽃이 피는 삶을 살아가자. 그리고 가끔은 얼굴을 들어 하늘을 보면서 쉼표도 찾아보자.

입은 닫고 마음은 활짝 열자

'나이 들수록 입은 닫고, 지갑은 열어야 된다.'는 말이 있다. 유태인 속담이라고 하는데 주로 자기말만 하고, 남의 이야기는 듣지 않는 사람에게 하는 말이다. 어른이란 쓸데없는 참견보다 실질적인 도움을 주는 존재여야 한다는 의미다. 지갑을 열어야 된다는 것은 주변 사람들에게 넉넉한 인심을 베풀라는 뜻이다. 하지만 그대로 실천하기란 쉽지 않다. 나이 들어가면서는 자꾸 젊은이들을 가르치고 싶어지기 때문이다.

또한 지갑을 열어서 돈을 써야 되는데, 과연 넉넉하게 쓸 정도의 돈을 번 어른이 얼마나 되겠는가. 일반적으로 나이든 사람들은 젊은이에게 '기분 나쁘게 생각하지 말고 내 말 좀 들어봐! 이 말을 안 하려고 했는데! 섭섭하다고 생각하지 말고 들어봐! 너에게 충고한마디 하자면! 나는 할 말은 하는 성격이야!'라는 말로 서두를 시작한다. 이 말을 듣는 순간 젊은이들은 귀를 닫는다. 속으로는 '어휴, 꼰대! 그래 당신 잘났어, 얼마든지 떠들어봐라, 나는 귀 닫을 테니'라는 반감을 가지는 것은 당연하다. 나이 많은 어른이기에 젊은이는 잠자코 듣고는 있지만, 이미 불통을 지나 혐오의 단계로 넘어간 것이다.

나이 들수록 지갑을 여는 것과 함께 마음을 여는 것이 더 존중받는다. 젊은이들의 생각을 인정하고, 하고 싶은 것을 하도록 도와주고, 힘들 때 옆에서 조용히 응원하는 어른이 진정한 어른이다. 아울러 돈과 인심은 먼저 쓰고, 대가를 바라지 않아야 빛이 난다. 대가를 바라는 것은 인간관계를 거래관계로 변질시킬 우려가 있다. 지갑을 열어 돈을 잘 쓰려면 돈을 많이 벌어놨거나, 지속적인 소득이 나오는 파이프라인을 만들어두어야 한다. 내 지갑을 열어 돈을 쓸 형편이 안 된다면, 그냥 조용히 마음을 활짝 열고 들어주면 된다.

스스로 '꼰대'가 되지 않도록 노력해야 한다. 입을 닫고 새로운 것을 배우는 학생이 되면 최고다. 가르치려 하지 말고 거꾸로 젊은이에게 배우는 어른이 현명하다. 젊은이들이 싫어하는 꼰대의 특징 중 하나가 자기 생각을 상대에게 강요하는 것이고, 여기서 한 걸음 더 나아가 공감대 떨어지는 훈계, 어설픈 위로, 편협한 사고는 꼰대의 전형이다. 나이가 들어서도 배우는 자세를 가지면 자연스레 겸손해진다. 죽을 때가지 배워도 다 못 배우는 것이 인생이다. 어설피 아는 척 하는 것보다는 매일매일 배운다는 생각으로 살아가면 마음도 열리고, 꼰대 소리를 듣지 않는다.

사람에게 두 개의 눈과 두 개의 귀와 하나의 입이 있는 것은 많이 보고, 많이 듣되, 적게 말하라는 뜻이다. 지갑을 열지 않더라도 귀를 열어 경청하는 사람은 그래도 어른 대접을 받을 수 있다. 다른 사람의 이야기를 경청한다면, 상대방에게는 가장 큰 보상이 된다. 굳이 지갑을 열지 않아도 어디에서든 환영받는 존재가 되는 방법이다. 경청은 인간관계의 시작이므로 의식적인 노력과 일상생활 속 연습을 통해 충분히 잘 들을 수 있다. 당장 오늘 젊은이들이 무엇을 하고 싶어 하는지, 무슨 생각을 하는지 귀를 열고 들어보자. 귀와 마음을 함께 여는 큰 어른이 되자.

관련된 신문 칼럼 하나를 소개하면 대리운전을 하는 젊은이에게 50대 한국 남성들의 태도는 다음과 같은 순서를 거친다고 한다. ① 대리기사에게 열심히 산다는 칭찬, 혹은 걱정을 가볍게 건네지만, ② 곧 손님 자신은 더 열심히 살았다는 자기 서사를 시작한다. ③ 그에 더해, 사실 젊은 사람들이 제대로 된 '노력'을 하지 않고 있으며, ④ 세상에 공짜 밥은 없다고, ⑤ 그러니까 대리기사 당신도 지금보다 더 열심히 살아야 한다고 당부하고는, ⑥ 이런 이야기 어디 가서 못 들으니 오히려 내가 당신에게 돈을 받아야겠다는 가벼운 유머·개그를 던지고, ⑦ 내가 이런 이야기 해줘서 좋았지, 하는 것으로 마무리한다. 나열한 7가지 각 항목을 순서대로 모두 거치는 이들도 있고, 몇 가지는 건너뛰기도 한다. 하지만 일반적으로 자신보다 젊은 타인에 대한 걱정, 질책, 당부와 함께 자신의 서사를 긴 시간 이어 나간다. 이들이 바로 자기 잘난 맛에 사는 꼰대 아니겠는가. 입은 닫고 지갑과 마음을 여는 것이 쉬운 일은 아닌 것 같다.

'No'라고 말할 수 있는 용기를 갖자

매스컴에서 보이스피싱(voice phishing) 사기단에 속아 생명줄 같은 돈을 뺏긴 노인들의 얘기를 접할 때마다 가슴이 아프다. 노인뿐만 아니라, 젊은이들도 사기꾼의 그럴싸한 꼬임에 빠져 거액의 돈을 송금하는 사례도 있다. 심지어 의사 직업을 가진 사람도 보이스피싱범들에 속아 수억 원을 입금했다는 얘기도 있다. 이러한 보이스피싱이란 전화 등을 이용해 상대방을 속이거나 금융회사 등을 사칭해 돈을 빼내는 금융사기수법을 말한다. 예컨대 공공기관이나 금융회사, 경찰 등을 사칭하거나 친인척의 사고나 납치를 가장해 입금을 요구하는 사기 등이 이에 해당한다.

경찰이나 금융감독원 등에서도 보이스피싱 예방법을 만들어 배포하고 있지만 매년 사기당하는 금액은 늘어나고 있으니 답답하기만 하다. 이것은 대한민국만의 문제가 아니라 세계적인 현상인데, 과연 보이스피싱을 막을 수 있는 방법이 있을까. 사기꾼들의 수법이 날로 교묘해지고 있어서 일반인들이 이들의 사기 행각을 막는 것은 쉽지 않은 일이다. 일단 돈 얘기가 나오면 무조건 전화를 끊은 것이 상책일 수 있는데, No라는 거절을 잘 못하는 사람은 그것도 어렵다. 따라서 이제는 과감하게 No라고 할 수 있는 용기를 배워야 한다.

우리는 종종 우리에게 오는 모든 기회와 요청에 동의(Yes)를 해야 한다는 압박감을 느낀다. 하지만 아니요(No)라고 거절하는 기술은 나쁜 것도, 예의가 없는 것도 아닌 꼭 배워야 할 중요한 덕목이다. 거절하는 방법을 배우는 것은 우리의 시간과 에너지, 자원을 더 잘 관리하고 더 만족스러운 삶이 되도록 해줄 것이다. No라고 말하는 거절도 자신의 삶이 더 나아지는 방법임을 알고 효과적으로 거절하는 몇 가지를 소개한다.

첫 번째는 명확하고 직접적인 거절이어야 한다. 아니라고 말할 때 명확하고 직접적으로 말을 해야 한다. '한번 생각해보고' 또는 '조금 기다려봐'와 같은 모호하거나 애매한 언어를 사용하는 것을 피해야 한다. 대신에 '미안하지만, 어려운 부탁이라 그렇게 할 수는 없다.' 또는 '지금은 그럴 형편이 안 된다'라고 단호하게 말해야 한다.

두 번째는 거절의 이유를 알려주고 거절하면 된다. 항상 이유를 제시할 필요는 없지만 이유를 설명하면 다른 사람이 왜 아니라고 하는지 이해하는 데 도움이 될 수 있다. '그 시간에 이미 약속이 있다'고 하거나 또는 '다른 작업이 있어서 도움을 줄 수 없다.'와 같이 간단하고 정직하게 말하면 된다.

세 번째는 죄책감에 빠지지 말아야 한다. No라고 말하는 것에 죄책감이나 후회를 할 이유가 없다. 괜히 거절한 것에 대해 사과하거나 상대방이 요청한 것에 대해 기분 나빠할 이유도 없다.

네 번째 요청한 상대방을 최대한 존중해야 한다. No라고 말하는 것은 요청을 받아들일 수 없다는 것이지, 그 사람을 미워하거나 얕봐도 된다는 의미는 아니다. 오죽하면 나에게 부탁을 할까하는 생각으로 최대한 예의를 갖추어야 한다. 상대에 대한 배려를 하고 대화하는 동안 긍정적인 말투를 유지해야 한다.

다섯 번째 할 수 있다면 새로운 대안을 찾아주면 된다. 요청을 받아들이기 어려운 경우 다른 대안은 없는지 함께 고민해보는 것도 방법이다. No라고 말하는 것은 어려운 일이지만, 거절은 자신이 필요로 하는 것의 우선순위를 정하고 상처를 덜 받는 귀중한 기술이다.

거절하는 방법을 배우면 더 만족스럽고 균형 잡힌 삶을 살 수 있다.

삶의 품격과 자세

아름답고 멋진
나이 듦의 방법

노년은 점점 어린애가 되어가는 여정이다

우리는 늙어가는 것이 아니라 '익어간다'는 노래가사가 있다. 늙어간다고 하면 왠지 서글퍼지는 기분이 드는데 익어간다고 하면 조금은 맘이 편해지는 것은 왜일까. 동일한 현상을 두고 표현하는 언어가 무엇이냐에 따라 받아들이는 느낌이 다르기 때문이다. 또한 나이가 드는 것은 점점 어린애가 되어가는 과정이라고 한다. 노화현상은 모든 생명체의 자연스러운 모습이며, 그 노화의 끝은 곧 죽음이다. 사람이 태어나고 죽는 것은 신의 영역이므로 누구도 거스를 수 없다. 인간의 의지가 작동되는 기간은 부모로부터 독립해서 자신이 스스로 움직일 수 있을 때까지다. 독립하기 이전의 삶은 부모에 의지하는 기간이고, 나이가 들어 움직이지 못하는 삶은 타인이나 병원에 의지하는 기간이다.

인간의 일생은 태어나서 1년 정도 기어 다니는 생활을 한다. 이를 노년에 대비해보면 죽음을 앞두고 약 1년 정도는 누워서 보낼 수 있다는 당위성을 부여할 수 있지 않을까. 1년에서 초등학교를 입학하기 까지는 부모의 도움을 받기는 하지만 스스로 걸어 다니는 생활이 가능하다. 이를 노년에 대비해보면 5~6년 정도 거동이 불편해서 다른 사람의 도움으로 살아갈 수 있지 않을까. 초등학교에 입학해서 고등학교나 대학을 졸업할 때까지 12년~16년은 스스로 독립하기 위해 공부하는 기간이다. 이를 노년에 대비해보면 12년~16년 정도는 인생을 마무리하는 기간으로 보면 되지 않을까. 학교를 졸업하고 정년까지 약 30년~40년간은 인생의 전성기로 경제활동을 하는 기간으로 볼 수 있다.

위와 같이 평범한 일생을 시계열로 정리해 보자. 태어나서 갓난아기 때는 누워있거나 기어 다니다가, 첫 돌이 지나면서 아장아장 걸어 다닌다. 초등학교에 들어가면서 부모의 도움으로 독립하기 위한 날갯짓을 배운다. 학교를 졸업하고 직장에 들어가거나 일을 하면서 자신의 인생을 스스로 살아가게 된다. 정년퇴직이든 일자리를 그만두든 경제활동이 끝나면 다시 공부하는 시기가 도래한다. 더 나이가 들면 혼자 다니기 어려워 자식이나 간병인, 병원의 도움을 받다가 마지막에는 침대 신세를 지게 된다. 이것이 인생이다.

베르나르 베르베르의 '웃음이란 책' 내용 중 이런 이야기가 있다. 2세 때는 똥오줌 가리는 게 자랑거리, 3세 때는 이가 나는 게 자랑거리, 12세 때는 친구들이 있다는 게 자랑거리, 18세 때는 자동차 운전할 수 있다는 게 자랑거리, 20세 때는 사랑을 할 수 있다는 게 자랑거리, 35세 때는 돈이 많은 게 자랑거리가 된다. 다시 나이 50을 넘기면서 이것이 정반대 진행된다. 50대는 돈이 많은 게 자랑거리, 60대는 사랑을 할 수 있다는 게 자랑거리, 70대는 자동차 운전할 수 있다는 게 자랑거리, 80대는 친구들이 남아 있다는 게 자랑거리, 90대는 이가 남아있다는 게 자랑거리, 100세는 똥오줌을 가릴 수 있다는 게 자랑거리가 된다.

그러니 결국 인생이란 너 나 할 것 없이 똥오줌 가리는 것 배워서 자랑스러워 하다가 사는 날 동안 똥오줌을 내손으로 가리는 걸로 마감 한다는 것. 어찌 보면 세상을 살아간다는 것이 그리 자랑할 것도 없고, 욕심 부리며 살 것도 없고, 그냥 오늘 하루를 선물 받은 것처럼 최선을 다해 고마운 마음으로 살아야 하지 않을까.

대단하지 않은 삶을 살았다고 하더라도, 그럼에도 불구하고 소박한 삶에 감사한다. 삶은 그 자체로 엄청난 '선물'임에 틀림없다.

아름답게 나이 들어가는 '7-up 원칙'을 지키자

아름답게 나이 들어가는 사람들이 지켜야 하는 '7-up 원칙'이 시중에 회자되고 있다. 물론 유튜브에도 여러 가지 노후에 지켜야 할 지침이라는 제목으로 다양하게 소개되고 있는데, 누구나 한번쯤은 스스로를 돌아보게 하는 내용이다. cheer up, clean up, dress up, give up, pay up, show up, shut up의 7가지이며 어떤 경우에는 move up, learning up, romance up의 3가지를 포함해서 10가지 원칙이 되기도 한다. 아름답게 늙어가는 것은 결코 쉬운 일이 아니다. 그럼에도 7-up 원칙만 잘 지킨다면 마음이 편안해짐을 느낄 수 있다.

1. Cheer Up(스스로를 격려하라)

나이가 들어간다는 것은 일, 돈, 관계, 건강 등 많은 면에서 점점 멀어진다는 것을 뜻한다. 따라서 자연스럽게 자존감이 낮아지고 매사를 소극적으로 바라보게 된다. 그럴수록 자신을 따뜻하게 감싸주고 격려해야 한다. 체력도 점점 줄어들고 기억력도 점점 떨어지는 것은 사실이지만, 아직도 잘 버티고 있지 않은가. 일이 잘 풀리지 않더라도 더 잘 하라고 응원하고, 몸이 좀 말을 듣지 않아도 그럴 수도 있다고 웃어넘기면 된다. 다른 사람에게 상처받지 말고, 토닥토닥 나를 안아주자.

2. Clean Up(몸과 마음을 깨끗하게 하라)

몸과 마음을 깨끗하게 하는 것과 동시에 정리정돈도 잘해야 한다. 일상의 욕심을 버리고 몸과 마음, 그리고 주변 환경을 깨끗하게 만들어야 한다. 안 보는 책도 버리고, 안 쓰는 물건도 버리고, 안 입는 옷도 이웃에 나누어주어야 한다. 매일 목욕이나 샤워를 해서 냄새가 나지 않도록 정갈하게 살아가야 한다. 마음속에 있는 불편한 원망도 내려놓고, 스스로 수양을 통해서 깨끗한 마음을 가져야 한다.

3. Dress Up(옷차림을 아름답게 하라)

옷이 날개라는 말이 있다. 젊은 시절은 젊음 그 자체로 아름답다. 나이 들어가면서는 스스로 멋있는 옷, 예쁜 옷으로 잘 차려입어야 한다. 그렇다고 명품을 입으라는 얘기는 아니다. 깨끗하고 단정한 옷차림으로 호감이 가게 입어야 한다. 너무 우중충하거나 뻔한 패션보다는 조금 튀어 보인다는 정도가 좋다. 장소에 따라 정장을 입어야 할 때는 정장을 입어야 하고, 등산을 갈 때는 등산복을 입어야 한다. 1년 내내 등산복으로 다니는 사람도 보이는데, 이는 상대방에 대한 예의가 아니다.

4. Give Up(과감히 포기하라)

세상일은 내 맘대로 흘러가는 게 아니다. 특히 사람 사이에서 벌어지는 문제는 상대가 있는 게임이니 상대에 맞춰주는 것이 지혜롭다. 어떤 때는 과감하게 포기하는 것이 속편할 때도 있다. 되지도 않는 일로 속 끓이다보면 건강도 나빠진다. 마음을 비우고 그러려니 하고 사는 것도 방법이다. 대신 새로운 것을 배우는 공부는 계속해야 한다. 배움을 포기하면 더 빨리 늙어가기 때문이다. 취미생활이든, 공부든 새로운 것을 배우면 육체적, 정신적으로 더 성장한다.

5. Pay Up(돈이든 일이든 제 몫을 다하라)

돈을 써야 할 때는 과감히 써야 한다. 인심을 써야 할 때도 마찬가지다. 이왕 돈과 인심을 써야 한다면, 마지못해 엉거주춤 하지 말고 먼저 지갑을 열어야 한다. 형편이 안 되는 것은 어쩔 수 없는 일이지만, 써야 할 곳에서 안 쓰는 것도 문제다. 일에서도 하기 싫은 일을 다른 사람에게 떠밀지 말고, 내 몫은 내가 해야 한다. 나이 들었다고 무임승차를 하는 것은 환영받지 못한다.

6. Show Up(모임에 참여하라)

모임이든 나오라는 데가 있으면 부지런히 참석하라. 가야할 자리는 꼭 가야 한다. 모임이나 가야 할 자리에 몇 번 빠지면 아예 연락을 끊는 경우가 생긴다. 참석이 어려운 경우에는 사전에 연락해서 양해를 구하는 것도 예의다. 동창이나 옛 친구들 모임에서는 옛날을 회상할 수 있고, 새로운 취미모임이나 동호회에서는 새로운 사람도 사귀면서 새로운 것을 배울 수 있다.

7. Shut Up(말을 조심을 하라)

나이 들면 입은 닫고 지갑은 열어야 한다는 말이 있다. 함부로 남을 비판하거나, 자신의 생각을 강요하지 않아야 한다. 말할 기회가 있더라도 짧게 마치고, 중언부언하거나 자기 자랑은 삼가야 한다. 듣기 좋은 말과 덕담은 해도 좋지만, 이것도 길면 역효과(逆效果)가 난다. 지혜로운 말이나 상황에 맞는 유머로 분위기를 이끌어 가는 것은 괜찮다. 말이 많아지면 식상하다. 그냥 웃어주고 박수쳐주고 응원하면 된다. 잘 듣고 경청하다보면 말조심이 된다.

7-up 원칙을 지키는 것은 그렇게 어렵지 않다. 스스로를 격려하고, 주변을 깨끗하게 하며, 옷차림을 정갈하게 하고, 욕심을 내려놓으면 된다. 먼저 지갑을 열고, 입은 닫으면서 좋은 모임에 적극적으로 참여하면 된다. 그러면 나이 들어서도 '스마트시니어' 또는 '액티브시니어'가 될 수 있으니까.

나이 들수록 제자리 제때 제대로의 '3제'를 지키자

나이가 들어간다는 것은 점점 신체적, 정신적 활력이 줄어든다는 의미가 된다. 아무리 체력이 좋다고 하더라도 육체적 노화를 막을 방법은 없다. 또 아무리 강한 정신의 소유자라고 해도 기억력이 감퇴되는 것을 되돌리기는 어렵다. 그러니 나이가 늘어날수록 '제자리, 제때, 제대로'의 3제가 꼭 필요한 덕목이 된다. 정리의 달인까지 되지는 않더라도 모든 물건이 제자리에 있으면 찾느라 시간낭비하지 않게 되고 자꾸 잊어버리는 스트레스를 덜어준다. 무엇이든 때를 맞춰야 건강에도 좋고, 빼먹지 않게 된다. 그리고 어떤 일을 하든 제대로 해야 두 번 일을 하지 않게 된다. 이렇게 '제자리, 제때, 제대로'를 실천하면 노후가 조금 편해진다.

나이가 들면 가장 힘든 것이 자꾸 무엇인가 잊어버리고, 어디다 두었는지 찾아다닌다는 점이다. 심지어 친한 사람의 이름도 생각이 안나 쩔쩔 매는 경우도 있다. 기억력이 감퇴하고 건망증이 생기는 것은 당연한 일이니, 결국은 사용하는 물건을 찾을 때 쉽도록 항상 '제자리'에 두는 연습을 해야 한다. 특히 스마트폰이 없으면 아무 것도 할 수 없는 시대이므로 항상 두는 곳에 두어야 이리저리 찾느라 분잡을 떨지 않게 된다. 신분증, 카드, 지갑, 자동차키, 현관열쇠 등도 마찬가지다. 그래서 나이 든 사람들은 어깨에 메는 조그만 지갑을 하나 가지고 다니는 것도 좋다. 그 안에 스마트폰을 비롯해서 신분증, 카드, 지갑, 열쇠 등을 넣어서 메고 다니면 잃어버릴 염려가 줄어든다.

물건을 제자리에 두려면 먼저 주변 정리부터 해둬야 한다. 정리되지 않은 상태에서는 무엇을 어디에 두었는지 생각이 나지 않는다. 뒤죽박죽 어질러져 물건이 제 자리를 찾지 못해 어수선한 상태이거나 버려야 할 것이 버젓이 자리를 차지하고 있다면 제자리를 찾기 어려워진다. 어수선하고 지저분한 주변 환경은 의욕을 더욱 낮추고 몸을 나태하게 만들어 상황을 점점 악화시킬 수 있으니 경계하는 것이 좋다. 정리전문가의 말을 빌리면 정리되어 있지 않은 물건은 '필요한 것'과 '버려야 할 것'으로 분리하는 것부터 시작하면 된다. 필요한 것을 제자리에 두고, 버려야 할 것은 과감하게 버려야 한다. 무엇인가를 마쳤으면 틈을 주지 말고 빠른 시간 내에 분리해서 정리하는 습관을 들여야 한다.

물건들을 잘 정리만 해두어도 머릿속에 내비게이션이 생긴 듯 어떤 물건이 어디에 있는지 수월하게 파악할 수 있게 된다. 평소 물건을 자주 잃어버리고 여기저기 찾아 헤매는 사람이라면 물건을 정리하는 습관부터 들이는 것이 현명하다. 반복적으로 물건을 찾아 헤매다 보면 기분이 쉽게 동요되어 좌절하거나 스스로를 한심하게 여기는 등 자존감이 낮아질 위험이 있다. 찾아야 할 물건이 없어지면 시각적인 여유가 생기고 긍정적인 태도를 가질 수 있다는 점도 제자리에 두어야 하는 좋은 이유가 된다.

어떤 일이든 미루지 말고 제 시간에 해야 편하다. '제때'라는 것은 정해진 시간이라는 의미도 있지만, 미루지 말라는 뜻도 포함된다. 가장 중요하고 긴급한 일부터 먼저 하라는 시간 관리의 원칙도 중요하다. 그러나 하찮게 보이는 일이라도 때를 놓치면 안 되는 일이 있는 법이다. 매일 루틴하게 해야 하지만 제 시간을 지켜야 하는 것은 반드시 제때 해야 한다. 하루 2끼를 먹든 또는 3끼를 먹든 먹는 시간은 규칙적으로 정해놓고 먹는 것이 건강에 좋다. 나이 들면 많아지는 약도 마찬가지다. 귀찮다고 빼먹을 수도 없고, 먹기 싫다고 안 먹을 수도 없는 것이 약이다. 몸을 움직이는 산책 등 운동이나 정신건강에 좋은 명상이나 사색 등도 제때 하지 않으면 효과가 떨어진다. 공부, 취미활동, 잠자리에 들기, 일어나기 등 일상생활도 제 시간에 하는 습관을 들여야 몸과 맘이 모두 편안하다.

무슨 일이든 '제대로' 해야 문제가 발생하지 않는다. 제대로 알고 제대로 실행해야 사고가 나지 않는다. 정치인이 정치를 제대로 하지 않으면 국민이 힘들어진다. 어디 정치인뿐인가. 기업인, 근로자, 학생 등 직업이나 하는 일이 무엇이든 제대로 하는 습관을 들여야 한다. 의사는 제대로 진찰해서 정확한 병명을 파악한 다음에 적절한 처방을 내려야 하고, 약사는 약효를 제대로 알고 약을 조제해야 한다. 교수는 강의내용을 제대로 파악하고 제대로 강의해야 한다. 나이 든 사람들도 마찬가지다. 제대로 알고 제대로 실천하는 노년이 좀 더 아름답다. 모르는 것은 아는 척 하는 뻔뻔함보다는 모르는 것은 모른다고 하는 정직함이 더 좋다.

무슨 일이든 '제자리, 제때, 제대로'의 3제를 실천하면 삶이 좀 더 여유롭고 자존감이 무너지지 않는다.

셀프부양시대, 내 노후는 내가 책임지자

제1차 베이비부머 세대가 주된 직업에서 떠나는 '대은퇴(great retire)'의 시기가 도래했다. 6.25 전쟁이 끝나면서 출생률이 급격히 늘어난 시대적 상황에서 태어난 베이비부머는 고도성장의 혜택을 누리면서 지독한 가난을 극복한 우리 사회의 중추적인 존재였다. 이들은 대부분 농촌에서 태어나 도시로 이주해서 젊음을 보낸 사람들이다. 대가족 속에서 유교적 전통을 가지고 있으므로 부모는 자식이 부양해야 한다는 사고를 갖고 있다. 자식의 교육과 성공을 위해서 정작 본인의 노후를 준비하기 어려웠지만 그렇다고 자식들이 부양을 해줄 것이냐 하면 그것도 아니다. 베이비부머는 부모를 부양하는 마지막 세대이면서 자식에게 버림받는 첫 번째 세대라고 한다. 그래서 나온 말이 '셀프(self) 부양'이다. 즉 자신의 노후는 자신이 스스로 책임을 지는 시대가 되었다는 얘기다.

평균수명의 연장으로 노후 생활은 정년퇴직 후에도 3~40년 이상 지속될 것으로 예측하고 있다. 일상생활에 꼭 필요한 수면, 식사, 가사노동 등의 시간을 제외한 나머지 여가시간은 무려 '6만~8만 시간' 정도다. 이는 25세부터 직장생활을 시작해서 60세까지 35년 동안 매일 8시간씩 일한 사람의 노동시간과 비슷한 수준이다. 보통 은퇴 이후의 삶을 행복하게 보내기 위한 셀프부양은 '돈', '건강', '일', '여가', '관계' 이렇게 5가지의 균형에서 찾아야 한다.

첫째로 은퇴 후 '돈' 걱정을 줄이는 방법은 은퇴 전 노후자금을 어떻게 설계해 두었느냐에 따라 달라진다. 은퇴 전 반드시 부채를 상환해야 한다. 국민연금-퇴직연금-개인연금으로 완성되는 '3층 연금'을 준비해두어야 한다. 그러려면 은퇴 전이라도 자녀의 교육비나 방만한 생활비는 줄여야한다. 자녀 지원을 언제까지 할 것인지 중단 시기를 정하고, 자산을 어느 정도 형성한 사람이거나 자녀들에게 기업을 물려줘야 하는 기업인이라면 가업승계 계획과 절세계획을 잘 세워 미리미리 상속과 증여, 즉 세금에 대비해야 한다. 은퇴하면 아무래도 근로소득이 급감하므로 소비규모를 확 줄여야 한다.

둘째로 퇴직 후 '건강'을 지키지 못한다면 길어진 수명은 더 이상 축복이 되지 못하고 재앙으로 다가온다. 어렵게 마련한 노후자금도 지키기 어렵다. 50대의 건강관리가 은퇴 후 건강의 질을 결정하다. 건강은 건강할 때 지키라는 말이 있다. 유산소운동과 근력운동 등으로 각종 생활습관 질병을 예방하고 개선하는 것이 좋다. 적어도 50대 이후에는 유산소 운동을 하루 30분 정도씩, 1주일에 3일 이상 하는 것이 적당하다. 노후에는 우울증이나 치매 등 정신건강에도 관심을 가져야 한다. 긍정적인 태도와 낙관적인 성격이 정신건강에 좋다.

셋째로 퇴직 후 '일거리'를 미리 준비해야 한다. 평균 퇴직 연령인 50대 중반과 국민연금 수령 예상 연령인 62~65세 사이에는 '소득공백기'가 있다. 연금수령 전까지 다른 직장을 구하거나 아르바이트 등을 통해 징검다리 소득원을 만드는 것이 현명한 방법이다. 은퇴 후 여가나 취미활동만 하면서 여유롭게 살기에는 너무 긴 시간과 해야 할 일이 남아 있다. 또 경제적으로 여유가 있다고 해도 사회 공동체 구성원으로서 작은 역할이라도 하는 것이 노후를 즐겁게 만드는 방법이다. 은퇴 전의 일이 사회적 욕망이나 생계를 위한 일이었다면, 은퇴 후의 일은 성취감이나 자기만족감이 높은 일을 찾는 것이 좋다. '1만 시간의 법칙'에서 보듯이. 은퇴 전부터 취미·여가활동에 하루 3시간씩 10년 동안 노력한다면 그 분야의 전문가가 될 수 있다.

넷째로 퇴직 후 '여가'시간을 만들어야 한다. 그 동안 경제성장을 위해 발전과 속도가 중요했던 대부분 은퇴자들은 이렇다 할 취미나 여가가 없는 상황이다. 은퇴자들의 노후는 멋진 시간이 아니라, 많아진 자유 시간이 오히려 부담스러워 한다. 여행이나 독서, 스포츠, 악기연주, 자기계발과 같이 평소 하고 싶었던 여가활동을 하면 시간도 잘 가고 즐겁다. 여가활동은 은퇴자의 새로운 사회활동의 기반이 되기도 하고, 여가활동을 위해 익힌 지식이나 기술을 통해 다른 직업으로 발전하는 경우도 있다.

다섯째로 퇴직 후 '관계'를 잘 정리해야 한다. 일과 직장으로 맺었던 관계가 끊어지는 은퇴 후에는 새로운 관계 맺기가 중요하다. 여가활동을 함께 하며 공감을 나누는 친구가 있다면 큰 도움이 된다. 주변에 마음을 터놓을 수 있는 친구 5명만 있어도 은퇴 후 삶은 충분히 즐거울 수 있다. 새로운 취미나 일에서 성취감을 느끼고, 새로운 관계에서도 우정을 나눈다면 노후 생활이 즐거워진다. 세계적인 문호 도스토예프스키는 '사람이 행복하지 못한 이유는 자신이 행복하다는 것을 깨닫지 못하기 때문'이라고 했다.

다른 사람의 기준보다는 내 기준에서 '돈', '건강', '일', '여가', '관계'를 점검하고 준비해 나아간다면 은퇴 후 노후도 충분히 즐겁고 신날 수 있다.

노후생활에 반려동물은 좋은 친구이며 단짝이다

평창에서 운영하는 '한달살기' 장미산장은 반려동물과 동반하는 것이 가능하다. 처음부터 강아지를 데리고 오는 손님들이 편하게 쉬었다 가는 공간으로 만들었다. 왜냐하면 나도 '덕수와 장미'라는 두 마리의 진돗개를 반려동물로 키우고 있기 때문이다. 반려견이든 반려묘이든 반려동물은 시골살이의 적적함과 무료함을 채워주기도 한다. 가끔은 든든한 친구가 되기도 하고, 산책을 함께 하는 동반자가 되기도 한다. 다만, 집을 오래 비울 수 없는 어려움이 있어서 서울에 볼일 보러 갔다가도 저녁 막차로 내려와야 하는 번잡함도 감수해야 한다.

이웃 블로그에 반려견에 대한 예찬이 있어 옮겨본다. 반려견은 본능과 마음이 통하는 그대로 움직인다. 또한 두 번 계산하지 않고 첫 마음 그대로 행동한다. 보호자로 생각되면 영원히 따르고, 배신 없고, 굶지 않으면 별다른 요구도 하지 않는다. 보호자가 위험하다고 생각되면 목숨도 내어놓고 지키려 한다. 반면 인간은 모든 걸 계산해서 관계를 맺거나 유지한다. 상황에 따라 배신하고, 욕심이 많아서 모든 것을 저장해 놓는다.

두 마리의 반려견과 함께 해서 좋은 점은 우선 부지런해진다는 것이다. 진돗개의 특성상 자기 집 근처에서는 배설을 하지 않으므로 하루 2번 정도는 산책을 나가주어야 한다. 아침에 일어나기 싫어서 꾸물거리다가도 낑낑거리는 녀석들을 보면 옷을 입고 산책에 나서게 된다. 강제적으로 하는 운동이지만, 움직임을 통해서 활력을 찾을 수 있다. 그리고 혼자 있을 때 녀석들과 놀다보면 무료함과 적적함을 덜어낼 수도 있다. 더 나아가 나 혼자 떠들지만 대화상대가 되어주기도 한다.

산속에 있다 보니 멧돼지, 고라니 등 야생동물이 많이 출몰하는데, 녀석들이 맹렬히 짖어주는 덕분에 집 근처에는 잘 오지 않는다. 특히 야간에는 든든한 보호자가 되기도 한다. 조심스러운 것은 사냥개 기질을 갖고 있어서 움직이는 것을 공격하려는 본능 때문에 갑자기 흥분해서 튀어나가는 것을 잘 통제해야 된다는 점이다. 동네 안길을 산책할 만나는 동네 분들이 덩치를 보고 겁을 내는 것도 미안한 일이다. 가끔은 울타리를 탈출하거나 목줄이 풀리는 바람에 온 동네를 수색하는 어려움을 겪기도 한다.

처음 두 녀석을 만난 곳은 자주 가는 단골식당이다. 마당에서 발발거리는 꼬물이 두 마리를 데려와서 함께 한 세월도 꽤 되어간다. 귀여웠던 강아지 단계를 지나 늠름한 성견으로 탈바꿈했다. 봉황마을을 감싸고 있는 덕수산과 장미산의 이름을 따서 덕수와 장미로 부른다.

어떤 분은 이름 때문에 이 마을의 마스코트라고 추켜세우기도 한다. 가끔은 사고를 치기도 한다. 산속을 헤매다가 요즘 보기 어려운 산토끼를 잡아오기도 하고, 들고양이를 습격하기도 한다.

더 큰 문제는 가끔 두 녀석이 피터지게 싸움을 한다는 것이다. 아마도 서열정리가 아직 안된 모양이다. 내가 옆에 있을 때는 뜯어말리면 어느 정도 해결이 되지만, 집을 비울 때 벌어지는 경우에는 두 녀석 모두 피투성이가 되기도 한다. 그렇다고 따로 떨어트려 놓으면 더 난리를 피운다. 어릴 때 불임수술을 했기 때문에 임신을 하지 못하지만 그래도 혼자 있으면 외로워서 그러는가보다.

가끔 말썽을 피우기도 하지만, 두 녀석이 건강하게 잘 놀아주는 것만으로도 산속 생활에 활력이 돈다. '동물극장 단짝' 방송을 보면 반려동물과 함께 어울려 재미있는 생활을 하는 모습이 나온다. 내가 쓴 칼럼 덕분에 덕수와 장미도 '동물극장 단짝'의 주인공이 되어 KBS 방송을 타기도 했다. 오늘도 하늘은 눈이 시리게 파랗다.

나이 들어서 하게 되는 작은 실수와 큰 실수를 줄이자

살아가면서 누구나 가끔 실수를 하게 된다. 실수 자체가 인간이 신이 아니라, 인간임을 나타내는 징표이기도 하다. 젊을 때의 실수는 그래도 봐줄 수 있지만, 나이 들어서 하는 실수는 그렇지 않다. 작은 실수든 큰 실수든 실수를 줄이려는 노력이 필요하다. 오늘은 여기저기 실수가 참 많았다. 아침 8시 22분 기차를 타려고 평창역에 나왔는데, 플랫폼이 썰렁하다. 왠지 무언가 이상해서 표를 확인해보니, 아뿔싸! 내가 예매한 표가 평창역에서 출발하는 게 아니라 청량리역에서 출발하는 것이다. 확인했어야 하는데, 이제 보니 출발역과 도착역이 바뀐 것이다. 얼른 기존 표를 반환하고(다행히 취소 수수료는 0원), 부랴부랴 평창역 출발 청량리역 도착 표를 구매했다. 그래도 기차표가 아직 남아 있어서 다행이다.

좌석에 앉아 편하게 스마트폰으로 칼럼을 하나 쓰고 있었다. 다음 역에 정차하자 어느 분이 내 옆에 와서 자리가 맞는지 묻는다. 아뿔싸! 바로 앞자리가 내 좌석이었는데, 좌석번호를 정확히 확인하지 않고, 그냥 감으로 뒷자리에 앉아 있었던 것이다. 번호 하나 차이지만, 조금 창피하기도 하고, 미안하기도 해서 얼른 앞자리로 옮겼다. 얼굴이 화끈거리는 것은 당연한 순서였다.

오늘 기차를 타면서 벌어진 사건은 그래도 나이 들었음을 핑계로 조금은 봐줄 만 한 일이다. 지난번에는 더 황당한 일이 있었다. 월요일이 공휴일이었는데, 화요일 일정을 착각해서 덜렁 기차를 탄 적이 있었다. 보통 빨간 글씨 다음 날이 월요일이라서 벌어진 사건이다. 평창역에서 아무 생각 없이 기차를 타고 자리에 앉았다. 지나가는 승무원이 표를 확인하자고 한다. 아뿔싸! 다음날 화요일 차표였다. 표 없이 기차를 탔으니, 무임승차이고 2배의 차비를 내라고 한다. 쓸데없이 돈만 날리고 다음 역에 내려 다시 평창역으로 되돌아왔다. 그러니 요금의 3배를 내고 엉뚱한 곳까지 기차만 타고 갔다 온 꼴이다.

나이 들면서 날짜를 착각하거나, 시간을 잘못 생각하는 일이 많아진다. 오늘과 같이 기차표 예매와 좌석에 관련된 실수가 늘어나기도 한다. 그러나 어쩌랴! 신경을 곤두세우고 조심을 한다고 하더라도 그런 일이 벌어지는 것을! 다행인 것은 이런 정도의 작은 실수는 치매라고 부르지 않고 건망증 정도로 치부한다는 것이다. 치매나 경도인지장애인 경우 삶의 질은 엄청 떨어진다. 스스로 더 이상 건망증이나 실수가 반복되지 않도록 확인하고 또 확인할 일이다. 기차표 예매와 자리 확인, 일정관리와 요일 확인 등. 그래도 아직은 이 정도이니 얼마나 다행인가.

작은 실수가 아닌 큰 실수도 있다. 가끔이지만 볼일을 보고 남대문을 올리지 않는 것이다. 의식적으로 반드시 올린다고 올렸는데도 어느 때 보면 남대문이 열려있는 것을 깨닫고는 흠칫 놀란다. 다행히 다른 사람이 눈치 채지 못한 경우에는 안도의 한숨을 내쉬지만, 대중교통을 타거나 다른 사람 앞에 서 있을 때 열려있는 것을 발견하면 얼굴이 화끈거리는 경험을 한다. 그래도 괜히 미안하고 객쩍은 것은 어쩔 수 없는 노릇이다. 자칫 젊은이들이 할아버지의 주책이라고 놀리지 않을까. 대부분 나이든 노인이라고 봐주겠지만. 혹시라도 성희롱이나 성추행으로 신고한다면 얼마나 창피한 일일까. 정신 바짝 차리고 살아야겠다.

더 큰 사건은 점심에 반주를 하고, 후배를 만나서 낮술을 하면서 벌어졌다. 기분 좋게 마시다보니 과음을 했다. 평소의 주량보다 3배 정도 더 마신 것이다. 술이 술을 마신다는 말이 있듯이 내 주량을 생각하지 않고, 그냥 주는 대로 받아 마신 후유증은 예상보다 크다. 내 정신은 똑바로 걷고 있는데, 비틀거리는 것이 느껴진다. 발이 꼬여서 지하철 바닥에 넘어졌는데, 도통 일어나질 못한다. 어떤 젊은이가 팔을 잡아서 일으켜주면서 괜찮냐고 물어본다. 혀 꼬부라진 목소리로 괜찮다고 대답하지만, 이미 내 몸의 통제능력을 상실한 상태다. 지나가던 경찰이 부축을 하면서 어디까지 가느냐고 물어보는데, 그냥 술이 많이 취해서 그렇다고 대답하고 지하철에 올랐다. 어찌어찌해서 집에는 왔는데, 자고나서 생각해 보니 낮술에 취해서 큰 실수를 했다는 것을 알았다. 이제부터는 낮술은 하지 말아야지 하는 반성과 함께, 반주로 마시더라도 내 주량을 넘기지는 말아야겠다는 다짐을 해본다.

의도적으로 피해야 할 실수는 '돈거래'이다. 친구, 가족, 자식 가릴 것 없이 돈을 빌리거나 빌려주는 행동은 하지 말아야 한다. 자칫 돈 잃고 사람 잃는 결과가 초래될 수 있기 때문이다. 내가 형편이 넉넉하면 그냥 주는 것이 편하다. 내가 없으면 없는 대로 아껴 쓰고 줄이면서 살아가야 한다. 빌려준다고 하더라도 받을 생각 하지 않고 주면 못 받더라도 맘이 편해진다. 특히 큰돈을 벌 수 있다는 말에 현혹되어 '묻지마 투자'를 하거나, 아는 사람이라고 해서 돈을 맡기는 것은 사기꾼들의 놀음에 춤춰주는 꼴이다. 세상에 공짜는 없다. 내가 노력하지 않고 쉽게 들어오는 돈이 어디 있겠는가. 그러니 안분지족, 있는 것에 만족하고 욕심 내지 말고 노후를 즐기며 살아가자.

작은 실수든 큰 실수든 실수를 하지 않기 위해서는 확인하고 또 확인하는 과정을 거쳐야 함은 물론, 다른 사람에게 피해를 줄 수 있는 행동은 하지 않도록 조심하는 것이 필요하다.

추한 노인이 되지 말고, 멋진 노인이 되어보자

나이가 들면서 누구나 어떻게 사는 것이 잘 늙어가는 것인지 고민을 한다. 그리고 다른 사람이 볼 때 추해보이지 않으려고 무던히도 애쓰며 산다. 음식을 흘린다든지 하는 것은 그래도 봐줄 만하다. 추한 노인을 나타내는 '3척 2질 노인' 증상이 있어서 소개해본다. 잘난 척, 아는 척, 있는 척, 자랑 질, 지적 질 노인이다. 반대로 나이 들어가면서도 더 멋지게 익어가는 노인이 있다. 나누고 베풀 줄 아는 노인, 친절하고 배려할 줄 아는 노인, 건강하고 깔끔한 노인이다.

추하게 늙어가는 노인의 첫 번째는 '잘난 척' 노인인데, 모임에 가면 거의 7~80% 이야기를 독점한다. 너무 말이 많아서 나중에는 귀가 아플 지경이 된다. 잘난 적도 결국은 왕년의 레퍼토리(repertory)가 반복되는 것이다. '나이가 들수록 입은 닫고 귀를 열어라(함구개이, 緘口開耳)'는 말이 있듯이 자기의 얘기를 줄이고 상대방의 얘기에 귀를 기울여야 한다. 요즘에는 약간 변형되어 '입은 닫고 지갑은 열어라'는 말이 더 와 닿는다. 두 번째는 '아는 척' 노인인데, 가방끈 자랑은 물론이고 내가 이만큼 안다는 것을 만천하에 떠들어야 직성이 풀리는 사람이다. 다른 사람 만나면 어디까지 배웠는지, 대학은 어디를 나왔는지 꼬치꼬치 캐묻는 버릇도 있다. 아는 척은 비단 노인만의 전유물은 아니다. 젊은 사람 중에도 가끔은 아는 체 하는 사람이 있다. 외국 유학을 자랑하거나 대단한 학벌을 떠벌리는 것이다. 성숙하지 못한 배움이다. 세 번째는 '있는 척' 노인인데, 주로 돈 자랑이다. 그렇다고 다른 사람을 위해서 돈은 쓰지는 않는다. 그냥 돈 많다고 자랑만할 뿐이지, 돈을 쓸 줄도 모른다. 돈이 없는데 있는 척을 하는 것일 수도 있다. 돈이 많다면 다른 사람을 위해서 좋은 일에 쓸 줄도 알아야 멋진 노인이 된다.

네 번째는 입만 열면 '자랑 질'을 일삼는 노인이다. 빈 수레가 요란스럽다는 말이 있듯이 지위, 재산, 자식, 손주, 고위층과의 친분 등 과거를 떠들고 다닌다. 실제로 자랑할 만한 일도 있었겠지만, 대부분은 과장되고 부풀려진 채로 왕년의 화려한 모습을 반추하고 싶은 욕심에 벌어지는 일이다. 대부분의 사람들은 다른 사람의 과거에 그렇게 관심이 없다. 자랑 질을 한다고 하더라도 그 사람을 존경하거나 대단하다고 생각하지 않는다. 그냥 오늘도 시작이구나라는 정도에 그친다. 어느 SNS에서는 그런 자랑 질은 하는 노인은 강퇴시키기도 한다. 다섯 번째는 '지적 질' 노인인데, 다른 사람 일에 지적 질을 일삼는다. 이것저것 간섭하고, 남의 제사상에 감놔라! 배놔라! 하는 스타일이다. 우리는 모두 자유인으로서 다른 사람 일에 간섭할 권리도 없고, 간

섭받을 의무도 없다. 좋은 의도를 가지고 있더라도 지적 질은 삼가야 한다.

멋지게 익어가는 노인의 첫 번째는 나누고 베풀 줄 아는 노인이다. 지식이 있으면 지식과 지혜를 나누고, 돈이 있으면 좋은 일에 흔쾌히 동참하는 노인이다. 나누고 베푼다는 것은 세상살이에서 빛과 소금이 된다. 백만장자, 억만장자도 죽을 때는 아무 것도 가지고 가지 못했다. 결국 자신이 다른 사람에게 나누어주고 베풀어준 것이 진정한 자기 것이 된다. 무엇이든 나누고 베푸는 삶이 아름다운 인생이고 멋진 노인의 모습이다. 두 번째는 친절하고 배려할 줄 아는 노인이다. 나이 먹었다고 대접만 받으려 하지 않고, 다른 사람을 친절하게 대해준다. 예의와 염치를 챙길 줄 안다. 다른 사람의 입장을 헤아리고 배려하는 태도를 갖고 있다. 세 번째는 건강하고 깔끔한 노인이다. 육체적인 건강뿐만 아니라, 정신적으로도 지극히 정상적인 상태를 유지한다. 옷매무새는 깔끔하며, 계절에 맞게 옷을 입는다. 노인 특유의 냄새도 나지 않고, 은은한 향기가 난다. 적당한 운동과 독서, 그리고 명상 등을 하면서 자신을 갈고 닦는다. 멀리서 보더라도 멋진 아우라가 느껴진다. 고상하게 늙어가는 모습에서 도인다운 풍채가 보이기도 한다.

추한 노인으로 늙어갈 것인지, 멋진 노인으로 익어갈 것인지는 자신의 생각과 의지에 달려있다. 지금부터 옷 입는 연습도 하고, 멋진 몸매를 가꾸는 연습도 해야겠다. 비누도 냄새 좋은 것으로 바꾸고, 화장품도 좀 바르면 어떨까?

스마트 시니어가 되는 몇 가지 방법을 배우자

100세 시대를 잘 살아가는 비결은 나이 들어가면서 점점 '스마트(smart)' 해지고, 점점 '액티브(active)' 해지는 것이다. 그래서 스마트 시니어와 액티브 시니어라는 낱말이 들어간 책도 출간되었다. 현재 고령사회의 기준이 되는 연령은 65세지만 보통 시니어라고 하면 50세부터를 나타낸다. 경우에 따라서는 시니어라는 단어에 부정적 반응을 보이는 사람들을 고려하여 '서울 50+센터' 등 50+로 표현하기도 한다.

'스마트 시니어'란 Sense, Money, Art, Re-Creation, Technology의 첫 글자를 따서 만들어낸 용어이다. 즉 시대에 뒤떨어지지 않는 센스를 갖추고, 일정한 경제력이 있으며, 문화예술에 대한 관심이 높고, 여가활동은 물론 자기 스스로를 재창조하는 활동을 적극적으로 하며, 발전하는 각종 테크놀로지에 거부감을 갖지 않고 주체적으로 수용하고 활용하는 시니어를 말한다. 센스(Sence) 있는 시니어는 건강과 함께 외모에 신경을 쓴다. 피부 관리와 패션에 관심이 많다. 유머와 위트가 있고 교양 있게 말하고 싶어 한다. 시니어에게 꼭 필요한 3가지는 건강, 경제력, 커뮤니케이션(소통) 능력이다. 이들은 오프라인과 온라인에서 소통하기 위해 끊임없이 노력한다. 돈(Money)이 있는 시니어는 쓸 때는 쓴다. 건강을 위해, 뭔가를 기념하고 경험하고 배우기 위해 아낌없이 투자한다. 투자 의욕도 있다. 아트(Art)를 누리는 시니어는 시간이 많다. 영화를 보고 미술관과 박물관에 간다. 뮤지컬을 즐기고 뭔가를 배워 직접 체험하고 만든다. 리크리에이션(Re-Creation)에 열중하는 시니어는 두 번째 인생을 새롭게 살기 위해 여행, 취미활동에 관심이 많다. 이들은 공익과 일, 다음 세대를 위한 봉사에도 분주하다. 테크놀로지(Technology)에도 능숙한 시니어는 이미 SNS, 유튜브 등에서 네트워크의 주인공이다. 비대면 시대에 온라인 쇼핑도 즐겨하고 있다.

이러한 스마트 시니어가 되기 위해서는 첫째로 스마트폰 등 디지털 기기를 자유롭게 사용하는 방법을 배워야 한다. '낫 놓고 기역자도 모른다.'는 속담과 마찬가지로 스마트폰을 통화용 전화기로만 사용한다면 스마트 시니어가 될 수 없다. 언제 어디서든 스마트폰 등 디지털 기기만 있으면 일도 하고, 영화도 보고, 음악을 듣기도 하고, 유튜브 방송을 하기도 하고, 기차표도 사는 등 거의 모든 활동을 할 수 있기 때문이다. 그러니 더 늦기 전에 스마트폰에서 유용하게 활용할 수 있는 앱을 자유자재로 쓸 수 있도록 배워두어야 한다. 스마트폰은 그냥 전화기가 아니라 요술램프처럼 모든 것을 도와주는 디지털기기이다.

조심해야 할 것은 걸어 다니는 '스마트폰 좀비'가 되지 말아야 한다는 것이다. 아울러 온라인 게임이나 도박, 동영상 시청에 너무 많은 시간을 투입하는 '스마트폰 중독'에 빠지지 않아야 한다.

둘째로 평생을 해오던 직업과 다른 일거리를 찾는 방법을 배워야 한다. 젊은 시절은 가족을 부양하기 위한 돈벌이가 직업을 갖는 가장 큰 목적이었다만, 이제부터는 살아가는 재미와 의미가 중요하다. 재미있고 의미 있고 부수적으로 돈벌이까지 한다면 금상첨화지만, 재미만 있어도 좋고, 의미만 있어도 좋다. 육체적인 노동을 주로 해온 사람이라면 글쓰기 등 정신적인 움직임이 많은 일거리를 찾아보고, 정신적인 노동을 했던 사람이라면 자원봉사 등 육체적인 움직임이 많은 일거리를 찾는 지혜가 필요하다.

셋째로 나와 소통하는 방법을 배워야 한다. 지금까지는 다른 사람과 소통하는 것이 소통의 전부였다면 나이 들어서는 오롯이 나와 대화하고, 나와 놀고, 나와 즐기는 나 중심의 생활이 되어야 편하다. 나를 위해 시간을 비워두고, 나를 위해 멋을 부리고, 나를 위해 맛있는 식사를 하고, 나를 위해 혼자만의 여행을 하는 등 홀로 자유를 만끽해야 한다. 가족을 위해 젊은 시절을 치열하게 살아온 나에게 고맙다는 인사도 해야 한다. 조용히 나를 들여다보는 시간을 만들고, 조용히 나를 위로하는 말을 하고 토닥토닥 나를 안아주자. 나만을 위한 취미생활을 즐기고, 나만을 위한 여행계획을 짜보자. 그러면 사는 게 조금 여유로워질 것이다.

넷째로 건강하게 잘 노는 방법을 배워야 한다. 건강을 잃으면 모든 것이 망가지기 때문이다. 체력과 정신력 모두 중요하다. 특히 육체적인 체력이 없어지면 정신력도 약해지는 연결 관계이기 때문에 나이 들수록 체력관리를 잘 해야 한다. 골프, 등산, 트레킹, 자전거 등 적당한 운동을 해야 한다. 명상, 독서, 힐링 등 정신적인 안정을 가져오는 활동도 겸해야 한다. 좋은 친구들을 만나는 것도 잘 노는 방법 중의 하나이다. 마음이 맞는 친구들과 담소를 나누는 것만으로도 건강은 좋아진다.

다섯째로 스마트폰을 활용해서 글을 쓰는 작가와 사진을 찍는 작가가 되어보자. 누구나 스마트폰만 있으면 글을 쓰고 사진을 찍을 수 있다. 그러니 항상 지니고 다니는 스마트폰은 글쓰기와 사진 찍기를 도와주는 고마운 도구이다. 글쓰기 하면 자판을 눌러야 된다고 생각하지만, 스마트폰은 그냥 말로 하면 글자로 바뀐다. 그러니 그냥 스마트폰에 일상을 얘기하고, 살아가는 모습을 사진 찍으면 훌륭한 글이 된다. 이를 수정하고 편집하면 만사형통이다. 스마트폰은 자판과 친하지 말고 마이크와 카메라를 친구로 삼아야 한다. 지금 당장 스마트폰의 마이크와 카메라를 배경화면으로 옮겨놓자.

나이든 사람들이 관심을 가져야 할 '5자'를 기억하자

공자, 맹자, 노자, 장자, 손자를 다른 말로 표현해서 '오(5)자'라고 한다. 우리는 인생에 시련이 닥칠 때 춘추전국시대 제자백가의 지혜를 찾게 된다. 수천 년의 역사를 간직한 동양 고전에는 삶에 대한 깊은 고찰과 본질적인 지혜가 담겨 있어 읽는 이들에게 일종의 인생 나침반 역할을 해 주기 때문이다. 제자백가는 사회질서가 무너지고 수많은 제후국이 패권을 다투던 춘추전국시대에 탄생했다. 이 같은 약육강식의 시기에 혼란을 극복하기 위해 새로운 질서와 대안을 모색했던 이들을 '제자백가'라 부르는 것이다. 제자백가가 출현한 시기는 오늘날처럼 크고 작은 사회적 혼란과 경제적 문제가 넘쳐나는 시기였기에, 그들의 철학은 우리의 삶에 도움이 되는 지혜를 준다. 제자백가에는 사람의 생사 문제에서부터 사람과 자연의 관계, 사람의 도리, 정치, 사람 간의 사랑, 백성이 먹고사는 문제, 배움과 수양의 문제, 운명론 등이 망라되어 있다. 그렇기 때문에 이천오백 년이 지난 오늘에도 제자백가의 철학이 우리 삶의 다양한 문제를 해결할 통찰을 주는 것이다.

동양고전의 오자를 원용해서 나이 들어가면서 관심을 가져야 할 '오(5)자'가 회자되고 있어서 소개해본다. 웃자, 걷자, 쓰자, 베풀자, 배우자가 그것이다. 여기에 더해서 주자, 속지말자, 즐기자 등을 포함시키기도 한다. 웃고, 걷고, 쓰고, 베풀고, 배우는 삶이 공자가 얘기하는 '인의예지신(仁義禮智信)' 보다 일상생활에서 실천하기 좋은 실천 지침이다. 하나씩 살펴보자.

첫째, 그냥 웃자. 웃으면 복이 온다. 웃는 얼굴에 침 못 뱉는다. 웃을 일이 없으면 억지로라도 큰 소리로 웃어보자. 미친 듯이 그냥 웃다보면 얼굴 근육이 펴진다. 짜증이 도망가고 좋은 생각이 따라온다. 웃음치료는 웃음을 활용하여 신체적 혹은 정서적 고통과 스트레스를 경감하는 치료법이다. 건강을 증진하고 질병을 극복하는 데 보완적인 방법으로 사용되고 있다. 웃음은 역사가 기록된 이후 의학에서 계속 사용되어 왔다. 통증 경감, 분노, 우울, 스트레스관리 및 정서조절에 효과가 있다고 알려져 있다. 웃음은 면역계 관련 물질의 변화를 일으킨다. 인터페론 감마(interferon-δ), 백혈구와 면역 글로블린이 많아지고 면역을 억제하는 코티졸(cortisol)과 에피네프린이 줄어든다. 암세포를 죽이는 NK세포가 웃음에 의해서 강력하게 활성화된다는 보고도 있다. 웃음은 뇌에서 엔도르핀(endorphin)이나 엔케팔린(enkephalin)같은 통증을 줄이는 신경전달물질의 분비를 증가시킨다. 이는 웃음이 통증에 대한 내인성을 높이는 효과에 대한 생리적 근거이기도 하다. 또한 대표적인 스트레스 호르몬으로 알려진 코티졸의 혈액 내 농도를 감소시킨다. 웃음은 혈관을 이완시켜서 혈압을 떨어뜨리고 순환을 촉진시킨다. 호흡과 산소이용도를 증가시킨다. 그 밖에도 알레르기 개선 효과나 당뇨병 개선 효과, 운동 효과를 보고한 연구들도 있다.

둘째, 그냥 걷자. 걷기 운동은 당뇨, 심혈관질환, 우울증 등 여러 질환에 좋다고 알려져 있다. 실제로 미국 공중보건 연구결과에 따르면 걷기는 나이 듦에 따라 발병률이 증가하는 심장질환, 고혈압, 당뇨병, 콜레스테롤 상승 질환 관리에 도움을 준다고 한다. 하지만 이렇게 건강에 좋은 걷기운동도 잘못 걸으면 오히려 건강에 역효과를 가져올 수도 있다. 대표적으로 잘못 알고 있는 것 중 하나가 '최소 30분 이상 무조건 오래 걸어야 한다.'인데, 무릎이 아픈 사람은 15분 정도 짧은 시간 걷기를 여러 번 반복하는 것이 더 효과적이다. 최근에는 맨발걷기가 유행이다. 특히 황토 맨발걷기와 해변 모래사장 맨발걷기가 건강증진에 도움이 된다. 맨발로 땅을 직접 밟으면 발바닥의 혈관과 신경을 자극하여 혈액순환이 활발해진다. 신발 없이 걷는 것은 잘못된 자세를 교정하고 균형감각을 강화한다. 자연과 직접 접촉함으로써 마음을 진정시키고 스트레스를 감소시킬 수 있다. 발바닥의 혈류를 촉진하며, 신경자극을 통해 면역체계를 활성화시킨다.

셋째, 그냥 쓰자. 자신에게 인색하지 말고, 자신을 위해 좋은 소비를 해보자. 낭비를 하자는 얘기가 아니다. 자신이 번 돈을 자신에게 쓰는 것은 멋지고 아름다운 소비가 된다. 부모와 자식을 부양하고 양육하는 동안에는 나를 위해 돈을 쓴다는 것이 사치로 여겨지지만, 부모가 돌아가시고, 자식도 독립한 이후에는 자신에게 쓰는 돈이 내 것이다. 아껴서 자식한테 상속해주는 것도 좋은 일이다. 그러나 자신이 좋아하는 것, 먹고 싶은 것, 하고 싶은 일, 갖고 싶은 것, 가고 싶은 곳, 주고 싶은 사람에게 돈을 쓰는 것은 행복한 삶이다. 어차피 죽을 때는 단 1원도 가지고 갈 수 없다. 수의에 주머니가 없는 이유가 바로 그것이다. 그러니 살아있는 동안 자신을 위한 사치를 누려보자. 돈이 많다면 자선단체에 흔쾌히 기부하는 것도 멋진 일이다. 이웃의 어려운 사람들을 도와주는 것은 더 아름다운 행동이다.

넷째, 그냥 베풀자. 사전적으로 베푼다는 것은 '남에게 돈을 주거나 일을 도와줘서 혜택을 받게 하는 것'으로 정의한다. 그런데 베푼다는 것은 자신이 가지고 있는 무언가를 남에게 나누어준다는 의미에서 배려하고 양보하는 것도 포함된다. 조용헌 교수는 팔자(八字)고치는 방법 다섯 가지로 '첫째 적선(積善 : 남을 돕는 것), 둘째 명상, 셋째 명당 잡는 일, 넷째 독서, 다섯째는 지명(知名 : 운명을 아는 일)' 중 적선, 즉 베푸는 것을 으뜸으로 꼽았다. 돈을 주거나 일을 도와주지 않더라도 베풀 수 있는 것은 있다. 특히 불교에서는 물질적인 재물이 없어도 베풀 수 있는 일곱 가지(無財七施)를 제시하고 있다. 첫째 사람을 대할 때 따스하고 부드럽고 편안한 얼굴로 대하는 화안시(和顔施), 둘째 부드럽고 친절하고 진심어린 말로 베푸는 언시(言施), 셋째 착하고 어진 마음으로 베푸는 심시(心施), 넷째 사람을 대할 때 편안한 눈으로 봐 주는 안시(顔施), 다섯째 자신의 몸을 이용해 베푸는 신시(身施), 여섯째 다른 사람에게 자리를 양보해 주는 상좌시(床座施), 마지막으로 상대방이 말하기 전에 미리 그 마음을 헤아려 베푸는 찰시(察施)가 그것이다. 선행을 하면 자신은 물론이고 자식대까지도 복을 받는다고 한다. 그러니 조건 없이 그냥 베풀고 살자. 대신 자신이 베푼 행위에 대가를 바라지는 말자.

다섯째, 그냥 배우자. 무조건 배우고, 죽을 때까지 배우자. 조건 없는 배움이 큰 행복이다. 스마트폰이나 앱을 사용하는 방법은 젊은 이들에게 청해서 배우면 된다. 책을 통해서 독학을 하는 방법도 있고, 학원이나 교육기관에 등록해서 공부할 수도 있다. 지자체의 평생교육원에 등록하거나, 방송대에 입학하는 방법도 있다. 악기도 연주하고, 노래도 배우고, 스포츠댄스도 배워보자. 챗GPT를 활용할 수도 있고, 유튜브를 시청하면서 무엇이든 배울 수 있다. 젊을 때는 먹고 사는 게 바빠서 해보지 못한 다양한 것을 공부하다보면 사는 재미가 꽤 쏠쏠하다. 영어나 일본어 등 외국어를 독학해서 외국여행을 할 수 있다면 금상첨화일 것이다. 여행사를 따라가는 패키지여행이 아닌 배낭여행도 꿈꿀 수 있다. 대학에 입학해서 석사, 박사가 되어 보는 것도 재미있지 않을까? 그냥 이것저것 공부해보자.

존엄하게 죽고 싶은 욕심이 사치인가?

모든 생명체는 언젠가 죽는다. 인간도 마찬가지로 누구나 죽음이라는 종착지에 다다른다. 나이가 들어가니 잘 사는 것과 함께 어떻게 죽은 것이 잘 죽는 것인지 고민이 많아진다. 옛 어른들이 얘기하던 '자는 듯이 죽는 방법'이 있으면 좋을 텐데! 보통 90살까지는 살고, 재수 없으면 100살까지 산다는 말이 유행어가 됐다. 이제는 오래 사는 것이 당연한 시대지만 긴 시간을 병상이나 요양원에서 보낸다면 잘 사는 것은 아닐 것이다. 연구조사에 따르면 보통 10년 정도는 질병이나 장애를 가지고 병원신세를 진다고 한다. 긴 병에 효자 없다는 말도 있다. 오랜 투병기간은 본인이 가장 힘들지만, 지켜보는 자식도 힘들다. 더해서 병원비며 간병비 등 의료비용도 많이 들어간다. 노인들의 희망이 '9988234'라고 하지 않는가. 99살까지 88하게 살다가 2, 3일 앓다가 사망하고 싶다는 것이다. 인간으로서의 존엄성을 지키면서 잘 죽을 수는 없을까?

이러한 고민이 존엄한 죽음이라는 주제로 논의되고 있다.

존엄한 죽음(존엄사)이란 환자가 회복이 불가능한 사망의 난계에 처했을 때 무의미한 연명치료를 중단하고 자연적인 죽음을 받아들이는, 즉 인간으로서 최소한의 품위를 지키면서 죽을 수 있게 하는 행위라고 정의한다. 넓게 보면 '안락사'라는 표현이 있으며, 환자의 죽음을 앞당기는 적극적 안락사에 비해 환자의 고통을 연장시키는데 불과한 연명장치를 제거하거나 영양 공급·치료를 중지하는 소극적 안락사를 존엄사로 보는 것이 일반적이다. TV에서도 스위스 등에서 허용하는 존엄사에 대한 내용이 자주 방송된다. 네덜란드가 2001년 세계 최초로 안락사를 입법한 나라로 꼽힌다. 심지어는 죽음을 선택할 수 있는 권리가 있다는 주장도 있다. 고통 없이 생을 마감할 수 있는 기계도 소개된다. 안락사 조력단체도 합법적으로 활동하고 있다.

세계 여러 나라에서 판례나 법으로 엄격한 요건 아래 존엄사와 안락사를 허용하고 있다. 이는 초고령사회로 들어서 있는 우리의 사회적 측면에서 매우 현실적인 문제로서, 이로 인한 가족들 간의 윤리적인 문제도 나타나고 있다. 이 문제는 간간이 사회적으로 이슈화되기도 했는데, 논란에 휩싸이게 된 것은 2009년 2월 서울지방법원이 병원에게 식물인간 상태에 있던 노인의 인공호흡기를 제거하라는 일명 '김할머니 사건' 판결 때문이었다. 이 사건을 계기로 연명장치에 의존하여 병석에 있는 말기 환자의 임종과 그것을 맞게 하는 방식을 둘러싼 해묵은 논쟁이 제기되며 정부는 이에 관한 제도를 마련하려는 노력을 했다. 정부는 의료계, 종교계, 학계, 시민 단체대표들과 함께 이에 관한 안을 사회적 합의를 도출했다.

2019년 연명의료결정법이 시행되어 임종과정에 있는 환자가 무의미한 연명의료를 시행하지 않거나 중단할 수 있는 기준과 절차를 마련했다. 법에서 정하고 있는 '연명의료'란 임종과정에 있는 환자에게 하는 심폐소생술, 혈액 투석, 항암제 투여, 인공호흡기 착용 및 그 밖에 대통령령으로 정하는 의학적 시술로서 치료효과 없이 임종과정의 기간만을 연장하는 것이다. 또한 사전연명의료의향서는 19세 이상인 사람이 자신의 연명의료중단등결정 및 호스피스에 관한 의사를 직접 문서로 작성한 것이다. 법 시행 이후 필자, 아내, 어머님도 사전연명의료의향서를 작성해서 제출했다. 스스로 잘 죽기 위한 첫 발자국이다. 연명의료결정법이 안락사를 허용하는 것은 아니지만, 단지 생명유지장치에 의존해서 생명을 연장하는 것을 막을 수 있게 되었다.

자신의 인생을 어떻게 살 것인지 자신이 선택하듯이 자신이 어떻게 죽을 것인지도 선택할 수 있다는 주장도 있지만, 아직까지 생명은 가장 소중한 가치를 갖고 있기 때문에 섣불리 안락사를 허용하기는 어렵다. 그러나 존엄하게 죽을 권리는 보장해야 되지 않을까? '존엄사'란 단지 인공음식물투여장치나 인공호흡기와 같은 인공연명장치에 의존하여 육체적 생명만을 가까스로 유지하는 것은 인간으로서의 품위를 상실한 삶의 모습이라고 판단하고, 인간의 품위와 존엄을 지키기 위하여 인공연명장치를 제거하고 생명을 종결시키는 행위를 가리킨다. 이러한 존엄사는 본래의 목적과 다르게 남용될 수 있으므로 무의미한 진료의 중단은 명확한 근거가 있는 경우에 한하여 허용되어야 한다.

스위스에서 의사조력자살이 가능한 이유는 다른 특별법이 있는 것이 아니라, 형법에서 우리나라와 달리 자살관여죄는 원칙적으로 불가벌이고, 이기적인 동기로 관여한 경우에만 처벌하기 때문이다(스위

스형법 제115조). 원칙적으로 자살관여죄가 불가벌인 이유는 헌법상 자살의 권리가 있기 때문이 아니라 공범인 교사범과 방조범은 정범의 불법행위를 전제로 하는데, 정범이 스스로 자살하는 사람이고, 자살을 처벌하지 않기 때문에 그 공범도 처벌하지 않는 형법의 공범종속성 때문이다. 네덜란드는 2001년 최초로 안락사에 대한 법안을 통과시킴으로써 안락사에 대한 국제적인 논쟁을 새로이 촉발시켰는데, 이 법은 ① 환자들이 치유될 수 없고, ② 환자가 건강한 정신을 잃지 않은 상태에서 안락사에 동의하며, ③ 환자의 고통이 견딜 수 없을 정도로 클 경우 등 3가지에 부합될 경우 의사들이 환자들을 안락사 시킬 수 있도록 허용하고 있다.

2024년 11월 영국에서도 안락사 관련 법률이 의회를 통과했다. 그 주요한 내용은 신청자는 18세 이상이어야 하며 말기 질환 진단을 받았고 6개월 이내에 사망해야 한다. 또한 절차상 두 명의 의사와 한 명의 판사가 승인을 해야 하며 치명적인 약물은 자가 투여해야 한다. 영국의 여론 조사에 따르면, 65%가 찬성하고 13%가 반대하는 등 조건이 첨부된 한 자살 보조의 원칙을 지지하는 영국인이 분명히 다수인 것으로 나타났다. 안락사는 이미 몇몇 유럽 국가와 캐나다, 뉴질랜드, 미국 10개 주에서 합법화되었다. 존엄사에 대한 찬성 여론도 80%를 넘는 현실을 고려하면 우리도 이제 존엄하게 죽을 수 있는 존엄사 또는 안락사에 대한 깊이 있는 논의를 해야 할 시기가 도래한 것 같다.

인간으로서의 존엄을 유지하면서 잘 죽기 위해 더 잘 살아야겠다. 나에게 남아있는 시간을 소중하게 사용하고, 죽을 때 후회 없이 편안하게 좋은 세상에서 잘 살았음을 고맙게 생각하면서 눈을 감고 싶다.

큰 어른 김장하 선생에게 배운다

다큐멘터리 '어른 김장하'를 우연히 보게 되었다. 우리 사회에 진정한 어른이 없다는 얘기를 많이 한다. 그럼에도 감히 '어른'이라는 단어를 사용했기에 전편을 모두 볼 수밖에 없었다. 그냥 잔잔한 감동이 밀려왔다. 이 시대의 '진정한 큰 어른'이 바로 우리의 곁에도 있었구나 하는 안도감이 밀려왔다. 평생 차도 없이 걸어 다니고, 힘들게 번 돈을 모두 장학금으로 사회에 환원하고, 의미 있는 교육사업, 문화예술운동, 시민운동 등에 아낌없이 지원하는 모습은 이 시대 '참 어른'의 모습을 보여준다. 깨알같이 이타적인 모습을 19세부터 80이 가까운 현 시점까지 지속되어온 원동력을 무엇일까.

아픈 사람들에게 한약을 팔아서 모은 돈이니 사회에 돌려주어야 한다는 삶의 철학, 본인에게는 엄격한 잣대를 들이대지만 장학금을 받은 학생들에게는 아무 것도 요구하지 않는 무소유의 삶이 존경스럽다. 금전만능의 시대, 돈이 모든 것을 지배하는 시대에 '돈은 똥이다'라며 "똥은 쌓아두면 구린내가 나지만, 똥을 흩어 뿌리면 거름이 되어 꽃도 피고 열매도 열린다. 돈도 이와 같아서 주변에 나누어야 사회에 꽃이 핀다."는 말이 가슴을 울린다.

자신도 지독한 가난 때문에 중학교만 졸업하고 집안에 보탬이 되기 위해 한약방에서 알바를 하다 아예 한약사시험을 보고 한약사자격증을 취득한 것도 대단한 노력이다. 아픈 사람들을 위해 좋은 약재만 사용한 덕분에 전국적으로 유명한 한약방이 되었다. 수십 명의 직원에게 주는 급여도 다른 한약방에 비해 2, 3배 정도 더 많을 정도였다. 한약방의 성공으로 큰 부자가 되었지만 돈은 절대 허투루 쓰지 않았다. 정장이나 사치품은커녕 대중교통을 타고 다니거나 '뚜벅이'로 검소한 생활을 실천했다.

하지만 의미 있는 일에 돈을 쓸 때는 웬만한 부자는 흉내도 내지 못할 만큼 말 그대로 펑펑 썼다. 1984년에는 진주의 명문고 중 하나로 불리는 명신고등학교를 100억이 넘는 사재를 들여 지었다. 이후 1991년에는 이 학교를 아무런 보상 없이 국가에 헌납하면서 "본교를 설립한 돈이 아픈 사람들에게서 나온 이상 이것은 당연히 공공의 것이 되어야 마땅하다"고 답했다. 2000년에 설립한 남성문화재단은 진주지역의 각종 문화사업, 학술연구, 장학, 언론, 환경운동, 형평운동기념사업회, 지리산생명연대 등에 아무런 대가도 없이 엄청난 후원을 아끼지 않았다.

이런 김장하선생의 별명은 '지역의 어른'인데, 진주의 어른을 넘어 이 세상 모든 사람들이 본받아야 할 '진정한 어른'이다. 남성문화

재단을 해산하면서 34억 원이라는 큰돈을 경상대에 전액 기부하기도 했다. 자신이 가진 모든 것을 또다시 내놓으면서도 '무거운 짐을 대신 지게 해서 죄송스럽습니다'라고 말했다. 우리는 몇 살부터 어른이 되는가? 법적으로는 19세가 되면 성인이라도 한다. 우리는 60이 되고, 70이 되더라도 어른이라는 표현이 어색한 것은 무슨 이유일까. 오늘 새벽 나도 어른이 되고 싶다.

80:20의 사회, 노후설계를 미리미리 준비하자

사회현상을 설명하는 법칙 중에 '80:20의 법칙'이라는 것이 있다. 한 조직에서 경쟁력을 갖춘 20%의 조직원만이 사회를 이끌게 되며 경쟁력에서 탈락한 80%는 약간의 '먹을거리'와 무료하지 않을 만큼의 '오락물'을 제공받으면서 살아간다는 것이다. 더 쉽게 설명하면 돈 많은 고소득층 20%와 돈 없는 저소득층 80%로 나누어지는 사회가 된다는 표현이다. 장래에는 경제의 디지털지식정보화로 한 사람이 1만 명을 먹여 살리는 시대가 온다고 한다. 실제로 나이키의 광고모델인 마이클 조던이 받는 금액은 방글라데시 나이키 하청공장 1만 명의 연봉과 비슷하다는 비교자료가 발표되기도 했다. 그러니 80:20을 넘어 999:1 또는 9999:1로 점점 양극화가 심해지는 것을 느낄 수 있다.

80대20의 법칙은 특히 경영이나 조직에서 나타나는 모습가운데 하나이다. 늘 그런 것은 아니지만 예를 들면 판매량의 80%는 영업사원의 20%가 달성하고, 비서업무의 20%가 비서업무시간의 80%를 차지하며, 인구의 20%가 부의 80%를 창출한다. 영업사원만 그런 것이 아니라 조직에서도 20%의 직원들이 80%의 성과를 내고, 80%의 직원들은 20%의 성과를 낸다고 한다. 비교해서 세계 인구 중 85%가 자신이 무엇을 하는지 모르고 그저 주어진 대로 살아가며, 15%의 인구가 무엇을 위해 살아갈 것인가를 생각하며 살아가고 그 중 3%의 사람들이 정말로 늘 생각하면서 살아가는 세상을 움직이는 핵심이라고 한다.

미래 사회가 80:20의 사회가 될 것이라고 보는 이유는 두 가지이다. 첫째는 글로벌화로 인해 시장경쟁이 세계화된다는 것이다. 글로벌화는 시장개방과 자본의 자유로운 이동을 의미하며 시장이 개방되면 경쟁력이 없는 기업은 생존할 수 없다. 당연히 기업은 경쟁력을 확보하기 위해 규제가 적고 세금이 싼 곳으로 자본을 이동시키게 된다. 각국 정부는 규제를 완화하기 위해 노력할 것이고 재정지출을 줄여 조세부담을 축소하려 할 것이다. 이 과정에서 노동시장의 유연화는 세계적인 추세로 자리 잡게 된다. 노동시장의 유연화는 노동시장에서도 경쟁이 치열해져 능력이 있는 사람과 없는 사람 간에 소득격차가 커진다.

제레미 리프킨은 '노동의 종말'에서 이 같은 현상이 노동시장에서 20%정도의 핵심근로자와 80%정도의 주변근로자로 양극화시킨다고 했다. 즉 20%정도의 사람들만이 좋은 일자리를 갖고 안정된 생활을 할 수 있으며 나머지 80%의 사람들은 실업상태 또는 불안정한 고용상태에 놓인다는 것이다. 미래 기업들의 노동력 이용패턴도 소수의 핵심근로자를 제외하고는 파견근로 등을 활용하여 아웃소싱을 함으로써 대다수 근로자들이 낮은 임금의 파트타이머, 비정규직, 호출형

근로자로 전환된다는 것이다. 미래사회가 80:20의 사회가 될 것이라고 보는 두 번째 이유는 디지털지식정보화의 진전에 있다. 지식정보화사회에서 능력 있는 한 사람이 창출하는 부가가치는 산업사회의 그것과 비교할 수 없을 정도로 크다. 제조업이 경제의 중심인 산업사회에서는 능력 있는 사람과 능력 없는 사람의 부가가치 창출 차이가 기껏해야 2배 정도이다. 그러나 지식정보화사회에서는 어떤 한 사람의 창의적인 아이디어가 부가가치를 50배, 100배로 증가시킬 수 있다. 이는 창의적인 아이디어나 신기술로 시장에서 일단 성공하면 수확체증의 법칙에 의해 시장을 배타적으로 장악할 수 있는 특징 때문에 나타나는 현상이다. 결국 자동화의 촉진으로 전통적인 제조업과 서비스업의 고용창출 여지가 줄어들고 있고, 새로운 미래 산업으로 부상하고 있는 지식정보산업은 부와 정보를 독점하는 소수 엘리트에게만 열려 있어 결국 중산층이 몰락하고 빈곤층이 양산된다는 주장이다.

이러한 80:20의 법칙을 은퇴 후 노후생활에 적용해보면 부유한 노인과 가난한 노인의 비율도 80:20이 될 수 있다. 80%의 빈곤한 노인은 국가가 주는 기초연금이나 국민연금으로 근근이 살아가는 반면, 20%의 부유한 노인은 해외여행, 골프여행을 다니면서 노후를 즐길 수 있는 양극화시대가 전개되는 것이다. 기초연금을 65세 이상 노인 중에서 소득하위 70%에 대해 지급하는 것도 결국 80:20의 법칙이 적용되는 셈이다. 기초연금을 받지 못하는 상위 30%에 포함되려면 젊을 때 인생설계나 은퇴설계를 미리미리 해두어야 한다. 나이 들어서 주된 직업에서 은퇴하더라도 연금 이외에 다른 추가적인 소득이 나오도록 준비해야 된다는 의미이다. 준비 안 된 노후를 국가나 사회가 모두 책임질 수도 없는 노릇이기 때문이다. 늦었다고 생각할 때가 가장 빠른 때이다.

죽음과 유산

인생의 마지막을
준비하는 현명함

죽을 때 후회하는 5가지는 무엇인가?

만일 오늘이 삶의 마지막 날이라면 무엇을 후회하게 될까? 돈이나 명예 따위가 아니라는 건 알겠지만 구체적인 답이 떠오르지 않는다면, 임종의 순간을 미리 맞았던 타인들의 '깨달음'을 참고하는 것도 한 방법이다. 영국 가디언이 영어권에서 화제가 되고 있는 책 '죽을 때 가장 후회하는 5가지'를 소개했다. 오스트레일리아에서 말기환자들을 돌봤던 간호사가 블로그에 올렸던 글을 모아 펴낸 책이다. 이 간호사는 수년간 말기환자 병동에서 일하며 환자들이 생의 마지막 순간에 보여준 '통찰'을 꼼꼼히 기록했다. 그가 지켜본 사람들은 임종 때 경이로울 정도로 맑은 정신을 갖게 됐는데, 저마다 다른 삶을 살았던 사람들이지만 놀랍게도 후회하는 것은 거의 비슷했다.

과연 죽을 때 후회하는 5가지는 무엇일까? 오늘이 내 생의 마지막이라면 무엇을 후회할 것인가? 인생을 후회 없이 사는 사람은 아마

없을 것이다. 사람 사는 모습은 각자 다 제 나름의 길이 있기에 누구의 인생이 더 잘 살았다. 또 누구의 인생이 더 꼬였다고 보기 어렵다. 자신의 인생은 온전히 자신의 몫이기 때문이다. 행복과 불행, 성공과 실패 등등은 마음속에서 움트는 것일 뿐이다. 인생은 고해라 했듯이 고통과 번민 속에서 성장하고 늙어가는 것이다. 그래서 물 흘러가듯이 살라고 하지 않는가. 구름이 흘러가듯이 관조하는 삶을 살라고 하지 않는가.

죽을 때 후회하는 5가지를 살펴보니 ① 내 뜻대로 살 걸 ② 일 좀 덜 할 걸 ③ 화 좀 덜 낼 걸 ④ 친구들 챙길 걸 ⑤ 도전하며 살 걸이다. 재밌는 것은 모든 남성들이 가장 후회하는 것 중 한 가지는 '일 좀 덜 할 걸'이 공통점이다. 그들은 회사에서 쳇바퀴를 도느라 아이들의 어린 시절과 배우자와의 친밀감을 놓친 것을 깊이 후회하고 있었다. 직장인은 인생의 대부분을 회사라는 한정된 공간과 시간 속에서 보낸다. 그런데 그 회사생활이 힘들고 불행하다면, 우리의 인생 자체가 회색이 된다. 너무 일에만 매달리지 말고 개인생활과 가정생활을 할 수 있는 공간과 시간을 주어야 한다. 일과 삶의 균형은 물론이고 직장생활 자체를 신나고 즐겁게 할 수 있는 공정한 보상과 적절한 근무시간이 관건이다. 사람은 일만 하다 죽는 동물이 아닐진대 최근의 근무환경은 일만하라고 스스로 채찍질 하는 것이 아닌가라는 의문이 든다.

남자가 아닌 모든 사람들이 느끼는 가장 큰 회한은 '다른 사람들의 기대에 맞추지 말고, 스스로에게 진실한 삶을 살 용기가 있었더라면' 하는 것이었다. 사람들은 삶이 끝나갈 때쯤 돼서야 얼마나 많은 꿈을 이루지 못 했던가 명확하게 볼 수 있었다. 그리고 어떤 것을 하거나 하지 않기로 한 자신의 선택 때문에 꿈의 절반조차 이루지 못한 채 죽어야 한다는 것을 부끄러워했다. 스티브 잡스도 "시간은 한정되어 있다. 다른 사람의 삶을 사느라 시간을 낭비하지 마라. 다른 사람의 생각에 따라 살거나 타인의 신조에 빠져들지 마라. 다른 사람들의 의견에서 비롯된 소음이 내면의 목소리를 방해하지 못하게 하라. 그리고 가장 중요한 것은, 마음과 직관을 따르는 용기를 갖는 것이다. 나머지는 부차적인 것이다."라고 했다. 내 인생 내가 사는 것이고, 내 인생의 선장은 바로 나다. 다른 사람의 인생을 대신 살아주기 위해 골몰하지 말고 내 인생을 나답게 살아가는 것이 중요하다.

화를 더 낼 걸이라는 후회는 시사하는 바가 크다. 우리는 너무 착한 사람 증후군에 빠져있다. 유교적인 전통이 남아있어서 그렇지만 속에서 부글부글 끓어올라도 그냥 상냥하게 웃도록 훈련되어 있다. 화가 나면 그 화를 어떤 방식으로든 풀어야 한다. 화병이라는 것이 마음속에서 울화통이 커지는 병이다. 그 울화통을 외부로 표출하지 않으면 스트레스에 의한 각종 질병으로 명을 단축한다. 조직은 조직의 생존을 위해서 구성원인 사람들의 생존을 위협하는 정책을 남발한다. 최근 사회문제인 감정노동의 문제도 마찬가지다. 먹고살기 위해서 고객을 상대하는 직업에 종사하는 사람들이 진상이 고객에게도 상냥하게 웃음으로 대해야 한다는 것이 얼마나 힘들 것인가. 우리도 죽기 전에 후회하지 않으려면 '감정'을 표현하는 연습을 하는 것이 좋겠다. 임종을 앞둔 사람들은 다른 사람들과 평화롭게 살기 위해 자신의 감정을 억누른 부작용을 지적했다. 그들은 솔직한 감정을 표현하지 못해 내면에 쌓인 냉소와 분노가 병을 만들었다고 여겼다. 조직의 인사 부서에서는 일하는 사람들이 감성을 표출할 수 있는 기회와 장소를 제공하는 서비스라도 해야 한다.

친구의 소중함도 마지막에 느끼는 후회다. 일을 핑계로 친구와 연락을 끊는 사람도 많다. 속마음을 털어놓을 수 있는 친한 친구, 언제든 연락하면 만날 수 있는 친구가 인생을 풍요롭게 한다. 사람들은 임종 직전에야 오랜 친구의 소중함을 깨닫곤 했다. 하지만 막상 그땐 친구들의 연락처도 수소문할 수 없는 경우가 많다. 오라는 친구가 있고 만나자는 친구가 있다는 것은 분명 큰 행복이다. 지금 당장 스마트폰을 꺼내 만나자고, 소주 한잔 하자고 연락하자. 내가 먼저 연락한다고 체면 깎이는 것도 아닌데 무얼 망설이는가? 죽을 때 후회하지 말고.

마지막으로 도전하지 않은 것도 후회로 남는다. 진정 하고 싶은 일을 해보는 것은 큰 행복이다. 주변 여건 탓에 하고 싶은 일을 하고 사는 사람이 많지 않지만, 오늘이 마지막 날이라면 이 일을 계속할 것인가? 라는 물음에 답을 해야 한다. 매일 매일이 똑같은 일상의 반복이라면 새로운 도전과제를 정해보자. 취미생활이든, 직장생활이든 바꾸고 도전하는 삶이 아름답다. 어떤 도전을 할 것인지는 각자의 몫이다.

유언장을 매년 작성하고, 구체적인 내용은 비밀로 하자

사람은 언제 이 세상을 떠날지 누구도 알 수가 없다. 그래서 '죽음'을 기억하고, '운명'을 사랑하고, '오늘'에 충실하라고 한다. 인간도 하나의 생명체이므로 언젠가 '죽음이라는 종착역'에 도착하게 된다. 그러니 유언장을 미리 써보는 것도 노년을 잘 살기 위한 방법이다. 매년 유언장을 새롭게 작성해보면, 자신의 재산이 무엇이며, 얼마나 되는지 파악할 수 있다. 배우자나 자식에게 남기고 싶은 자신의 생각도 정리가 된다. 가장 중요한 것은 자신이 죽은 이후 유산을 둘러싼 가족 간 분쟁을 미리 예방할 수 있다는 점이다. 대신 유언을 하더라도 구체적인 내용은 비밀로 할 필요가 있다. 가족 간에 불화가 생길 가능성이 있어서다. 다만, 재산관계가 아닌 연명의료, 존엄사, 화장, 매장 등에 대한 당부는 평소에도 자신의 생각을 명확하게 얘기해주는 것이 좋다.

유언이란 사람이 그가 죽은 뒤의 법률관계를 정하려는 생전의 최종적 의사표시를 말하며, 유언자의 사망으로 그 효력이 생기게 된다. 흔히 일반적으로 가족이나 친지에게 남기는 당부의 말 등을 유언이라고 부르기도 하지만 법적인 의미의 유언이란 유언자가 유언능력을 갖추고 법적 사항에 대해 엄격한 방식에 따라 하는 행위를 의미한다. 유언에 엄격한 방식을 요하는 것은 유언자의 진정한 의사를 명확히 해서 법적 분쟁과 혼란을 예방하기 위한 것이므로, 법이 정한 요건과 방식에 어긋난 유언은 그것이 유언자의 진정한 의사에 합치하더라도 효력이 없으므로 법이 정해 둔 요건에 따라 유언을 남기는 것이 매우 중요하다. 법적인 효력이 있는 유언장을 작성하려면 상속재산을 특정해야하며, 유언자의 성명과 유언 날짜를 자필로 써야한다. 민법에서는 유언의 위조 또는 변조를 막기 위해 일정한 방식에 의한 유언만을 인정하고 있다. 민법에서 인정하는 유언은 자필증서에 의한 유언, 녹음에 의한 유언, 공정증서에 의한 유언, 비밀증서에 의한 유언, 구수증서에 의한 유언 등이다.(민법 제1065조)

이중 자필증서에 의한 유언이 가장 간단하고 일반적이다. 하지만 그 요건은 생각보다 까다롭다. 유언의 내용이 되는 전문과 작성연월일, 주소, 성명을 자신이 직접 쓴 후에 도장을 찍어야(기명날인) 효력이 발생한다.(민법 제1066조) 자신이 직접 쓰는 '자필'이 절대적인 요건이다. 다른 사람이 대신 작성하거나 타자기나 점자기 등을 사용해 작성한 것은 자필증서로 인정되지 않아 무효가 된다. 작성연월일이 없는 유언장 역시 무효다. 작성연월일도 반드시 자필로 써야 한다. 날짜를 쓰지 않은 유언장도 무효다. 예를 들어, 2025년 5월까지만 작성하고 날짜가 빠져 있다면 무효다. 주소도 직접 써야 한다. 동까지만 기재하고 호수가 빠진 유언장도 무효가 될 수 있다. 성명을 쓰지 않았거나 성명을 다른 사람이 쓰는 것도 무효다. 유언을 남기는 방법을 간략하게 정리해본다.

1. 자필증서에 의한 유언 방법

먼저 상속재산을 특정해야 한다. '내 모든 재산' '○○○ 아파트' '○○○ 그림' 등 상속재산을 특정해서 작성해야 한다. 단, 상속재산은 개별적으로 특정하지 않더라도 '내 모든 재산' 등 그 범위를 특정할 수 있으면 문제가 없다. 그 후 유언의 주된 내용을 이루는 부분을 유언자가 '직접' 쓰면 된다. 유언장의 용지나 형식에는 아무런 제한이 없다. 따라서 '유언장'이라는 기재가 없거나 일반적인 법률문서의 형태가 아니어도 되고, 일기 · 편지 · 메모의 형식이라도 상관없다. 그리고 유언자의 성명 및 유언 날짜를 자필로 써야 한다. 유언자의 성명 역시 반드시 '자필'로 써야 한다. 유언장을 작성한 날짜도 빠뜨리면 효력이 없다. 날짜는 꼭 '몇 년 몇 월 며칠'이라고 쓸 필요는 없다. '2023년 크리스마스이브', '2023년 내 생일날'처럼 적어도 상관없다. 언제 유언장을 썼는지 알 수 있으면 된다. 주민등록번호나 생년월일을 쓰는 것이 반드시 필요한 것은 아니다. 그리고 유언자는 유언장에 반드시 자신의 도장을 날인해야 한다. 이를 서명으로 대체할 수 없다. 이때 도장은 인감도장일 필요는 없고, '손도장'도 가능하다. 마지막으로 유언자의 주소를 자필로 써야 한다. 유언자의 주소 역시 필수 항목이다. 이미 작성한 유언장에 문자의 삽입, 삭제 또는 변경을 할 때에는 유언자가 이를 직접 쓰고 날인까지 해야 변경이 인정된다.

2. 녹음에 의한 유언 방법

말을 할 수 있으면 글을 쓸 줄 몰라도 이용할 수 있으나 분실·은닉 혹은 편집 등으로 위조나 변조가 매우 용이하다. 또한 유언자의 목소리인지에 관하여 다툼의 소지가 있다. 녹음에 의한 유언방법은 유언자가 녹음기나 영상기기를 이용해서 유언의 취지와 성명, 연월일을 모두 '육성으로 녹음'해야 한다. 그리고 녹음에 참여한 '증인'이 유언자 본인의 유언이 틀림없다는 사실 및 자신의 성명을 함께 녹음해야 한다.

3. 공정증서에 의한 유언방법

비용이 드는 단점이 있으나 다른 방식의 유언에 비해 유언자의 진의를 확인하는 것이 정확하고 위조나 변조의 위험이 거의 없다. 법원에 의한 검인절차 없이 유언을 바로 집행할 수 있는 장점도 있다. 유언자가 '증인 2명'을 참석시켜 '공증인의 면전'에서 유언의 취지를 말하고 공증인이 이를 필기 낭독하여 유언자와 증인이 그 정확함을 승인한 후 각자 서명 또는 기명날인함으로써 성립하는 유언 방식이다. 공증인을 자택이나 병상에 불러서 작성할 수도 있다.

4. 비밀증서에 의한 유언방법

유언의 내용을 비밀로 할 수 있으나 절차가 복잡한 것이 단점이다. 우선 유언장을 작성하고, 유언자의 성명을 기재한다. 다음으로 유언장을 봉투에 넣어 밀봉하고, 날인한다. 그리고 2인 이상의 증인에게 유언장이 든 봉투를 제출하고, 자기의 유언임을 표시한 후 봉투에 제출 연월일을 기재하고, 유언자와 증인들이 각자 서명 또는 기명날인을 한다. 5일 이내에 공증인 또는 법원에 제출하여 그 봉인한 봉투 위에 '확정일자' 도장을 받아야 한다.

5. 구수증서에 의한 유언방법

질병이나 기타 급박한 사유로 인하여 다른 방식에 의한 유언을 할 수 없을 때 보충적으로 할 수 있는 방식이다. 급박한 사정이 없는데도 구수증서에 의한 유언을 하였다면 유언은 무효가 된다. 우선 유언자가 2인 이상의 증인이 참여한 가운데, 그중 1인에게 유언의 취지를 말한다. 말로 해야 하고, 거동에 의해서는 할 수 없다. 그 후 증인 중 1명이 이를 필기 낭독하여 유언자와 증인들이 그 내용이 정확함을 승인한다. 그리고 각자 서명 또는 기명날인한다. 마지막으로 유언을 한 날로부터 7일 이내에 법원에 가서 검인 신청을 해야 한다.

살아서 해보는 생전 장례식은 어떤가?

생전 장례식이라는 말은 죽은 다음에 하는 뜻의 '장례'와 살아 있다는 '생전'이 합쳐진 어휘로 무언가 상반되는 두 단어 때문에 어색한 것이 사실이다. 장례(葬禮)는 죽은 이를 저승으로 무사히 보내주기 위해 치러지는 의식이기 때문이다. 생전 장례식은 다른 사람이 아닌 내가 주인공이 되는 행사이다. 형식이나 장소에 구애받지 않고 내가 원하는 방식으로 나의 마지막 기념행사를 치르는 것이다. 그런데 전통적인 장례식에 대한 사람들의 생각이 조금씩 변하고 있다. 생전 장례식이란 말도 요즘에는 하나의 흐름으로 자리잡아가는 모양새다. 어느 취업포탈 사이트에서 직장인 370명을 대상으로 조사한 결과를 보면 약 70% 정도가 죽기 전에 즐거운 파티 분위기로 생전 장례식을 치르는 것을 긍정적으로 평가했다.

일본에서도 세상을 떠나기 전 알고 지내던 친척이나 친구들에게 감사를 표하는 이별행사가 번지고 있다. 프로레슬러로 유명했던 안토니오 이노끼는 75세 되던 해 스모 경기장으로 잘 알려진 료코쿠 체육관에서 이별파티를 했다. 또한 인생을 마무리 하는 활동인 '슈카쓰(終活)도 늘어나고 있다. 유언장 작성, 연명치료 거부, 재산 정리, 생전 장례식 등을 도와주는 회사나 변호사도 많다. 예쁘게 만든 묘지 견학도 다녀오고, 유골을 뿌리는 체험도 하면서 온천을 즐기고 돌아오는 여행도 있다.

서구에서도 살아서 하는 장례식(free funeral)이 종종 알려지고 있다. KPMG의 유진 오켈리는 2005년 석 달밖에 살지 못한다는 의사의 선고를 받았다. 자신의 죽음을 받아들이기 어려웠지만, 뇌종양 진단을 '축복'으로 받아들이기로 했다. 갑자기 사로고 죽는다면 아무것도 할 수 없겠지만, 죽기 전 남은 시간을 미리 알고 뭐라도 준비할 수 있게 되었으니 축복이라 생각했다. 그는 마지막 100일은 사랑하는 사람, 보고 싶은 이들과 추억이 있는 장소에서 식사를 하거나 전화로 마지막 인사를 나누었다. 가진 재산도 암 치료 재단에 기부하고 정리했다. 2006년 발간된 '인생이 내게 준 선물'이 그의 임종 매뉴얼인 셈이다.

살아있는 동안 행복하게 잘 사는 것이 웰빙(well being)이라면, 재미있고 의미 있는 일을 하면서 잘 늙어가는 것이 웰에이징(well aging)이고, 잘 죽는다는 것이 웰다잉(well dying)이다. 웰다잉은 자신이 생활하던 익숙한 환경에서 가족·친구와 함께 존엄과 존경을 유지한 채 고통 없이 죽어가는 것이다. 생전 장례식은 자칫 삶에 대한 희망을 갖고 있는 사람에게는 잔인한 말이 될 수도 있다. 하지만 죽음은 누구도 피할 수 없는 당연한 순서이고, 누구나 시간이 되면 떠나야 하는 운명일 뿐이다. 죽은 후에 자식들이 해주는 장례식이 무슨 의미가 있겠는가. 죽은 다음에 술 한 잔 올린다고 내가 먹을 수가 있을까. 죽은 다음에 리무진 차를 탄다는 것이 무슨 호사일까. 어차피 죽은 자는 말이 없다. 영혼이 저 세상으로 가든, 이승에서 떠돌든 내 육신은 이미 돌아올 수 없는 강을 건너간 것을. 그러니 살아있을 때 보고 싶은 사람, 신세진 사람, 가족과 친구들이 보는 앞에서 생전 장례식이라는 이름으로 아름다운 마무리를 하는 것은 어떤가.

디지털책쓰기코칭협회의 K회장은 책을 한 권 출간하면서 출판기념회를 '한국형 사전 장례식'으로 치르는 방식이 어떨까 하는 제안을 한다. 자서전이나 평소 자신이 쓰고 싶은 분야의 책을 한 권 쓰고, 책 출판기념회를 핑계 삼아 자신이 원하는 방식으로 마지막 축제이자 세레머니(ceremony)를 펼치자는 것이다. 특히 팔순이나 미수를 기념해서 보고 싶은 사람, 사랑하는 사람, 가족, 친구 등 알고 지내던 사람들을 초청한다면 아름다운 마무리가 될 것이다.

나도 '연명치료의향서'를 미리 작성해 놓았으며, 요양원이나 요양병원이 아닌 내가 살던 집에서 편안하게 눈을 감고 싶은 마음이다. 세상사가 내 맘대로 되는 것은 아니지만, 살아서 하는 생전 장례식을 내가 주인공이 되어 멋지게 한 다음, 실제로 죽고 나면 화장해서 유골은 자주 산책하는 언덕 위의 소나무 아래 묻어주면 좋겠다는 생각도 해본다. 이제 겨우 살아온 날보다 살아갈 날이 더 짧다는 사실과 함께 죽음을 미리 준비하지 않으면 안 된다는 사실을 깨닫는다.

농민이라면 농지연금을 활용해보자

농지연금은 '만 60세 이상 고령 농업인'이 소유한 농지를 담보로 대출을 일으켜 노후생활 안정자금을 매월 연금 형태로 받는 제도를 말한다. 농지연금의 장점은 우선 자녀에게 부담을 주지 않는다는 것이다. 자녀한테 생활비를 받을 필요가 없고, 농지연금을 받아도 농지를 활용할 수 있다. 연금을 받으면서 농지를 직접 경작하거나 임대할 수 있어서 연금 이외에 추가 소득을 얻을 수 있다. 배우자 승계형에 가입하면 가입자 사망 후 배우자까지 평생 받을 수 있다.

그리고 국가가 보증하기 때문에 연금 지급 중단 위험이 없다. 또한 합리적인 상속이 가능하다. 수급자 사망으로 인한 농지 처분 시 연금 수령액이 농지 값을 초과하여도 상속자에게 청구하지 않으며, 농지 정산금이 연금 수령액보다 큰 경우 차액은 상속인에게 돌려준다. 이 농지연금 제도는 대출 상품인데, 손실은 국가가 떠안고 남는 것은 상속자가 가져간다는 아주 큰 장점이 있다. 세제 혜택도 있는데 저당권 설정 시 등록면허세, 지방교육세, 등기 신청 수수료를 공사가 부담한다. 연금 수급 시에는 6억 원 이하까지 담보 농지의 재산세를 감면해 준다. 마지막으로 농지연금 지킴이 통장이라고 돼 있는데 최저 생계비인 185만 원 이하 금액은 압류가 금지된다.

농지연금 가입조건을 살펴보자. 가입 연령은 만 60세 이상인 농업인으로서 영농 경력이 5년 이상 되어야 한다. 5년이 연속으로 5년이 아니라 과거에 2년 농사짓다가 지금 다시 귀농해서 3년째 농사를 짓고 있다면 합산이 된다. 농지 조건은 실제 영농에 이용되고 있는 농지여야 한다. 공부상 지목이 전, 답, 과수원이면서 2년 이상 보유한 농지여야 한다. 그래서 미리미리 준비하는 것도 중요하다. 대상 농지의 위치에 두 가지 요건이 있다. 신청자의 주소지와 담보 농지의 소재지가 동일한 시군구 또는 그와 연접한 시군구에 있는 농지여도 되고, 살고 있는 주소지와 그 농지까지 직선거리로 30킬로미터 안에만 있으면 된다.

가입 제한이 되는 농지도 있다. 그 농지를 담보로 해서 대출을 받은 경우는 안 된다. 저당권, 지상권, 지역권, 전세권, 압류 등이 있으면 안 된다. 또한 농업용 목적이 아닌 시설 및 불법 건축물 설치 농지도 안 된다. 본인 및 배우자 이외의 자가 공동 소유한 농지는 안 된다. 농지 가격에 따라서 이 연금액이 차등이 되는데 이 농지 가격은 공시지가 기준, 감정가의 경우 감정가의 90%가 농지 가격이 된다. 만약에 이 농지 가격이 6억 원이면 이 6억 원을 종신 정액형에 가입했을 경우에 만 60세에 가입을 하면 평생 204만 원, 만 70세에 가입을 하면 평생 254만 원을 받을 수가 있다. 중간에 목돈이 필요한 경우가 생길 경우를 대비해서 수시 인출형을 선택할 수도 있다. 6억 원 기준으로 했을 때 1억 4,700만 원을 먼저 인출할 수가 있다. 나머지 금액을 매달 144만 원 받을 수 있다. 정액형 농지연금은 최대 300만 원이 한도가 된다.

농지연금 제도는 총 5가지 상품이 있다. 수시 인출형, 전후 후박형, 종신 정액형, 경영이양형, 기간 정액형이 있다. 종신형은 사망 시까지 연금을 수령하는 것이다. 기간형은 설정 기간 동안 연금을 수령하는 것이다. 종신형에는 수시 인출형이 있는데, 총 지급 가능액의 30% 이내에서 필요한 금액을 수시로 인출할 수 있는 유형을 말한다. 전후후박형은 가입 초기 10년 동안은 정액형보다 더 많이 11년째부터는 더 적게 받는 유형, 그다음에 종신 정액형은 가입자 또는 배우자 사망 시까지 매월 일정한 금액을 지급받는 형식이다. 경영이양형은 지급 기간 종료 시 공사의 소유권 이전을 전제로 더 많은 연금을 받는 유형이다. 기간 정액형은 5년(78세 가입가능), 10년(73세 가입가능), 15년(68세 가입가능), 20년(63세 가입가능) 동안 매월 일정액을 지급받는 형식이다.

은퇴 후 늘어나는 '지역건강보험료'를 줄이는 방법을 찾아보자

직장에서 은퇴를 하고 나면 많은 것이 새롭다. 일단 아침에 출근하지 않아도 되는 자유가 있다. 여행을 하든, 영화구경을 하든, 골프를 치든 시간에 구애받지 않고 하고 싶은 일을 할 수 있는 여유도 보장된다. 대신 당연한 것으로 생각되던 것이 당연하지 않게 된다. 매월 나오던 월급이 나오지 않는 것이 가장 큰 변화다. 만약 임원이었다면 자동차와 법인카드를 반납하는 것은 물론 그동안 누렸던 각종 복지혜택도 사라져 버린다. 명령을 내릴 부하직원도 없으니 모든 것을 스스로 해결해야 한다. 갈 곳도 없지만, 오라는 사람도 없다. 특히 건강보험 직장가입자에서 지역가입자로 변경되면서 수입은 없는데, 매월 늘어난 건강보험료를 부담해야 한다는 점에서 당황스러운 일이다.

직장에 재직할 때는 직장가입자 건강보험료를 회사가 알아서 공제하고 월급을 받았기 때문에 크게 신경을 쓰지 않아도 되는 일이다.

퇴직하고 나면 지역가입자 건강보험료를 내야 하는데 이게 만만치 않은 금액이라 미리 정리를 해 두어야 한다. 최근 건강보험에 대한 각종 규정들도 많이 바뀌어 자식의 건강보험에 묻어가는 피부양자 자격이 사라지는 사람들 불만이 커지고 있다. 많은 사람들이 지역가입자로 전환되어 별도의 건강보험료를 납부하게 되었다. 국민연금 포함 연소득이 2천만 원을 넘는 사람들은 피부양자 자격이 박탈되고 지역가입자로 강제 전환된다. 지역가입자는 소득뿐만 아니라, 재산과 자동차도 건강보험료 산정에 포함되어 직장가입자로서 납부해왔던 건강보험료보다 훨씬 많은 보험료가 나올 수도 있다. 현재 거주하고 있는 아파트 가격이 높기 때문이다. 재산 때문에 건강보험료 폭탄을 맞는 사람들이 많이 늘었다.

직장가입자는 보수 월액의 7.09%를 납부한다. 월급에 7.09%를 곱하면 건강보험료가 된다. 이것을 회사가 절반, 일하는 사람의 절반을 따로따로 각각 부담하는 구조다. 예를 들어서 400만 원 월급을 받는 사람의 경우 본인은 14만 1800원 정도만 부담한다. 물론 회사도 같은 금액인 14만 1800원을 부담해준다. 그렇지만 지역가입자로 전환된다면 이때부터는 월 소득뿐만 아니라 재산을 평가해서 보험료를 내야한다. 절반을 부담해 줄 회사도 없기 때문에 모든 것을 본인이 다 부담한다. 따라서 은퇴하는 사람들이 지역건강보험료 고지서 받게 되면 커다란 부담이 될 수밖에 없다. 이때 활용할 수 있는 것이 국민건강보험 '임의계속가입제도'다. 만약 지금 퇴직을 했는데 과거 직장가입자로 건강보험료를 내고 있었다면 반드시 지역건강보험료와 비교해서 임의계속가입제도를 통한 보험료 금액이 적으면 이를 선택하는 것이 지혜로운 방법이다. 3년 동안 직장에 있을 때 보험료를 내는 것이 가능하다.

지역가입자의 건강보험료는 가입자의 소득, 재산(전월세 포함), 자동차 등을 기준으로 정한 부과요소별 점수를 합산한 보험료 부과점수에 점수 당 금액(2025년은 208.4원)을 곱하여 보험료를 산정한 후, 경감률 등을 적용하여 세대단위로 부과한다. 소득은 「소득세법」에 따라 산정한 이자·배당·사업·기타소득금액의 100%(이자·배당소득이 1천만 원 미만 제외), 「소득세법」에 따른 근로·공적연금소득의 금액의 50%를 합해서 산정한다. 재산은 토지, 주택, 건축물, 선박, 항공기 과세표준액 100%, 전월세 금액의 30%를 합한 금액이며 60등급으로 나누어진다.

직장을 다녔던 사람들이라면 갑자기 올라가는 건강보험료 낮출 수 있는 방법이 임의계속가입제도이다. 퇴직한 다음 지역가입자 건강보험료가 너무 높게 올라갔을 때 일정 기간 완화시켜주는 제도이다. 지역가입자 건강보험료를 택하는 대신 퇴직 직전 1년 동안 내가 부담했던 건강보험료를 그대로 36개월간 납입할 수 있도록 유예시켜주는 제도이다. 퇴직하고 가만히 있으면 지역 가입자로 전환되지만, 임의계속가입제도를 선택하면 직장가입자의 자격을 그대로 3년 동안 유지시켜준다. 은퇴한 사람들은 아파트 등 재산 때문에 건강보험료가 상승하는 경우가 많다. 부동산 공시가격이 높기 때문에 건강보험료가 엄청 오를 수밖에 없다. 오히려 재산이 없는 사람들은 은퇴한 다음 건강보험료가 낮아지는 경우도 있다. 또 피부양자 자격 조건이 충족되면 굳이 건강보험료를 납부하지 않아도 되는 사람들은 임의계속가입제도를 선택할 필요가 없다. 직장 가입자와 지역 가입자, 어떤 것이

나에게 유리한 것인지 비교를 해보고, 건강보험료가 높아진다면 당연히 임의계속가입제도를 활용하는 것이 좋다.

일반적으로 퇴직한 사람들 대부분은 퇴직한 이후에 지역가입자 건강보험료 고지서를 받게 된다. 이 지역가입자 건강보험료 고지서를 받고 나서 건강보험료 부담이 너무나 크다면 2개월 이내에 임의계속가입 신청을 하면 된다. 부모님이든 배우자든 3년 동안은 피부양자로 그대로 등록시킬 수 있다. 따라서 지역가입자보다 임의계속가입제도가 유리할 가능성도 있다.